Jutta Korz

GÄRTEN UMGESTALTEN

Jutta Korz

GÄRTEN UMGESTALTEN

Praktische Vorschläge für alle Gartenbereiche

blv

Inhalt

So sah der Garten bei der Übernahme durch die neuen Besitzer aus. Es fehlte an Farbe, Struktur und Abwechslung.

Vorwort

Kaum ein Garten bleibt für viele Jahre oder gar mehrere Jahrzehnte von der ersten Anlage an so gestaltet, wie er ist. Auch wenn er nicht den oder die Besitzer wechselt, so dass eine Umgestaltung meist ohnehin ansteht, gibt es doch immer wieder Zeiten, in denen man mit seinem Garten nicht mehr zufrieden ist. Da gibt es diese oder jene Ecke, die lange nicht mehr so schön blüht wie früher, weil längst einige wenige Pflanzen fast das gesamte Terrain für sich beanspruchen und die anderen überwuchert haben. Oder ein als formschönes, handliches Jungexemplar gepflanzter Baum entpuppt sich nach zehn oder fünfzehn Jahren als überaus wuchskräftiges Gehölz, das weitaus besser für einen Park geeignet wäre als für den eigenen, meist doch etwas bescheideneren Hausgarten.

Doch nicht nur im Reifen eines Gartens allein liegen die Gründe dafür, sich meist mehrmals im Laufe des »Lebens« eines Gartens mit dessen Umgestaltung zu beschäftigen. Schließlich wird man auch selbst älter, und es verändern sich dabei auch die eigenen Bedürfnisse. Sei es, dass die Kinder aus dem Haus sind und nun kein Bedarf mehr für einen großen, strapazierfähigen Spielrasen mit Spielgeräten und entsprechend robuster Randbepflanzung besteht. Oder weil man inzwischen beruflich zu beschäftigt ist, sich weiterhin um die doch etwas aufwändige Pflege der einst so gut geplanten und schön angelegten Staudenrabatte zu kümmern. Also wird stattdessen eine pflegeleichtere Bepflanzung ins Auge gefasst. Vielleicht hat sich einfach auch nur der eigene Geschmack mit der Zeit so weit geändert, dass man den Garten nun neu gestalten und z. B. einen (zweiten) Sitzplatz an einer ruhigen Stelle in der Nähe eines kleinen Wasserbeckens anlegen möchte.

Die Gründe dafür, sich mit der Umgestaltung eines Gartens zu beschäftigen, sind jedenfalls äußerst vielfältig. Die Umsetzung der Pläne unterscheidet sich dabei jedoch ganz wesentlich von der Neuanlage eines Gartens nach dem Bau eines Hauses. Im Gegensatz dazu sind in einem bereits bestehenden Garten immer schon Pflanzen und Pflanzungen vorhanden, die in die Umgestaltung mit integriert werden müssen. Es ist also erforderlich, zunächst den Ist-Zustand des vorhandenen Gartens zu erfassen und sich genau über die eigenen Wünsche und Ziele klar zu werden. Anschließend muss man versuchen, Alt und Neu miteinander zu kombinieren und harmonisch in Einklang zu bringen.

Die Entscheidung, welche der alten Pflanzen und Pflanzungen bei einer Umgestaltung erhalten bleiben und welche weichen sollen, fällt nicht immer leicht. Die vielen Beispiele dieses Buches sollen Ihnen dazu als Anregung dienen und helfen, Ihre eigenen Ideen für die Umgestaltung Ihres eigenen Gartens bestmöglich umzusetzen. Dabei ist es entscheidend, in einer bestimmten Reihenfolge und nach einem konkreten Plan vorzugehen. Wie, das erfahren Sie auf den folgenden Seiten, unterstützt durch zahlreiche anschauliche Illustrationen.

Alle beispielhaften Umgestaltungen entstammen meiner langjährigen Praxis als Gartenberaterin und Gesprächen mit verschiedenen Gartenbesitzern und -besitzerinnen, oft auch auf Vorträgen und Seminaren. So wie Sie standen auch diese vor den gleichen Schwierigkeiten und Herausforderungen, die jedoch alle zu bewältigen waren.

Abschließend möchte ich einem engen Freund danken, der sehr zum Gelingen dieses Buches beigetragen hat. Auch Frau Schnitzke-Spijker will ich für Ihre Unterstützung ein herzliches Dankeschön aussprechen.

Jutta Korz

Rechts: Der oben gezeigte Garten ist umgestaltet worden: Schwungvolle Wege und lebhafte Pflanzenzusammenstellungen machen ihn nun zu einem wahren Schmuckstück.

Warum umgestalten?

Die Gründe für eine Gartenumgestaltung sind vielseitig. Jeder Garten durchläuft wie wir Menschen eine Art Lebenszyklus. Als junger Garten erblüht er in voller Pracht, im Reifestadium wird an verschiedenen Stellen sichtbar, dass der Höhepunkt erreicht ist. Spätestens dann wird man sich in Gedanken mit einer Umgestaltung beschäftigen. Es kann aber auch schon früher sein, wenn sich nämlich die Ansprüche der Besitzer gewandelt haben.

Junge Gärten

Als jung fasst man Gärten im Alter von fünf bis etwa zehn Jahren auf. Der junge Garten hat Parallelen mit der Kinder- und Jugendzeit eines Menschen. Ähnlich wie bei Kindern, wird uns nur mit jungen Pflanzen bewusst, wie schnell sie doch wachsen und sich ausbreiten.

Charakteristisch für junge Gärten sind neu angelegte Flächen, die relativ frisch bepflanzt und mit baulichen Elementen wie Pflaster, Wegen, Zäunen, Sitzplatzen, Mauern und Wasseranlagen ausgestattet sind. Die neu befestigten Flächen, wie Wege, Terrassen und Zufahrten, treten oft noch sehr deutlich in den Vordergrund. Dies verliert sich mit den Jahren, wenn Pflanzen ihre strengen Linien vom Rand her auflockern und die Materialoberfläche allmählich Verwitterungsspuren zeigt.

In jungen Gärten sind die pflanzlichen Strukturelemente – z. B. Bäume, Sträucher und Kletterpflanzen – noch jung und wirken unscheinbar. Sie entwickeln sich erst zu ihrer optimalen Größe und Schönheit (siehe Seite 15 ff.). Es kann viele Jahre dauern, bis sich z. B. ein Hausbaum auch wirklich als Baum aus einer

Entlang eines Klinkerwegs bilden Buchsbäume und Stauden ein farbenfrohes Bild. Im Hintergrund sind eingewachsene Pflanzungen vor einem Gartenhaus zu sehen – ein schönes Beispiel für einen »reifen Garten«.

Gruppe von Pflanzen heraushebt. Staudenbeete, Wasseranlagen, Rasen und Rosenbeete sind Bäumen und Sträuchern oft voraus, da sie schon innerhalb von zwei bis fünf Jahren zur vollen Entfaltung kommen.
Oft erscheint Gartenfreunden diese Jugendzeit recht lange. Da lässt z. B. der gewünschte Sichtschutz von Bäumen, Sträuchern oder Hecken lange auf sich warten. Häufig ist man daher bestrebt, in einem jungen Garten die Pflanzen einfach dichter zu setzen. Anfangs wirkt er dadurch auch wirklich voller. Spätestens am Ende der Jugendphase wird es dann aber viel zu eng, und die Gartenbesitzer müssen das Zuviel an Pflanzen wieder entfernen. Mit etwas Geduld hätte man das gleiche Ergebnis erzielt – jedoch mit geringerem Aufwand an Arbeit, Zeit und Kosten.

Reife Gärten

Vom Alter her sind sie zwischen den jungen und den alten Gärten einzuordnen. Der Reifezustand stellt sich ein, wenn der junge Garten allmählich eingewachsen ist. Bäume, Büsche, Immergrüne und andere Einzelpflanzen haben eine »angenehme« Höhe und Form erreicht. Hecken, Sträucher, Kletterpflanzen und Rosen sind so groß und breit gewachsen wie gewünscht, sie blühen und fruchten üppig. Wenn dem Garten schon ab dem Jugendstadium eine entsprechende Pflege zukam, dann sind jetzt auch Stauden, Gräser, Rasen, Obstgehölze und Wasseranlagen in optimalem Zustand. Man könnte sagen, der Garten ist »in seinen besten Jahren«.
Vergleicht man die Zeit des reifen Gartens mit dem Lebensalter eines Menschen, so beginnt sie mit dem Erwachsenwerden. Ihr Ende lässt sich dagegen nicht genau festlegen. Denn wie lange diese »goldenen Jahre« anhalten, ist sowohl für Menschen als auch für Gärten nur sehr schwer vorherzusagen.
Nehmen wir z. B. einen 20-jährigen Nutzgarten. Er wurde immer sehr intensiv bewirtschaftet und gepflegt, so dass man das Alter nur an den vorhandenen Sträuchern, Bäumen und den baulichen Teilen ablesen kann. Stauden und mehrjährige Kräuter sind nicht vergreist, da sie immer wieder geteilt und damit verjüngt wurden. Bei intensiver Pflege bleibt ein Nutzgarten also sehr lange »jung«.
Nehmen wir als zweites Beispiel einen 20-jährigen Ziergarten. Von Anfang an enthält er vielleicht Tannen, Fichten, Thujen, Süßkirschen, Ziersträucher und ein Rosenbeet. Die Tannen, Fichten und Thujen haben wahrscheinlich die Höhe von 10 m längst überschritten, und die Süßkirsche nimmt schon eine Fläche von etwa 20 m^2 ein. Ein solcher Garten hat den Höhepunkt schon überschritten, er beginnt zu altern. Das lässt sich z. B. an der Größe der Bäume ablesen. Sie passen in Höhe und Proportion oft nicht mehr zum Wohnhaus und werfen zu viel Schatten. Ziersträucher und Rosenbeet blühen nicht mehr so wie früher. Ein solcher reifer Garten verlangt nach einer Umgestaltung. Altes Garteninventar könnte dabei teilweise erhalten bleiben, der Garten würde dadurch neu belebt, quasi verjüngt.
Nicht alle alten Pflanzen können in einem solchen Garten verbleiben. Man muss sich für einige davon entscheiden und diese geschickt mit neuen kombinieren. Oft ist auch schon viel gewonnen, wenn Altes durch Neues ersetzt wird. Nichtblühende Ziersträucher stehen vielleicht zu sehr im Schatten, und man könnte stattdessen schattenverträglichere Arten pflanzen. Manchmal genügt aber auch schon ein starker Rückschnitt, um sie zu neuem Leben und Blühen zu erwecken (siehe Seite 157 ff.). Vielleicht ersetzt man auch eine gesamte Pflanzfläche durch etwas Neues, z. B. ein Rosenbeet durch eine bunte Staudenrabatte (siehe Seite 132 ff.). Auch der Rasen hat evtl. eine Radikalkur nötig oder muss neu angesät werden (siehe Seite 110 ff.).
Soweit einige Beispiele aus der Praxis. Würde man bei einem reifen Garten noch weitere Jahre oder Jahrzehnte verstreichen lassen, ohne an der Substanz etwas zu ändern, hätte man es schließlich mit einem alten Garten zu tun, in dem sowohl die Pflanzen als auch die Gesamtanlage »überaltert« erscheinen.

Alte Gärten

Hier handelt es sich um Gärten, deren Pflanzen zu groß, zu breit, zu alt, zu morsch, zu kahl geworden sind. Manchmal fallen sie durch Sturm und Windbruch um und bringen Lücken in die Gartenanlage. Das Verhältnis von baulichen und pflanzlichen Teilen zueinander befindet sich zumindest zum Teil nicht mehr in einem harmonischen Gleichgewicht. Obwohl diese Gärten insgesamt nicht mehr so viel Frische, Kraft und Vitalität ausstrahlen, wie es junge oder reife Gärten tun, haben sie doch einen ganz eigenen Charakter. Die Pflanzen oder Pflanzengruppen sind mit den Jahren zusammengewachsen und bilden ein Gesamt-Gartenbild. Die über Jahre geschnittene Hecke wirkt imposant, der alte Baum majestätisch inmitten einer Rasenfläche – das Alter kann einem Garten einen unverwechselbaren Charme geben.

Leider wird bei Gartenanlagen die Reifezeit der Pflanzen bis zur optimalen Entfaltung oftmals nicht lange genug eingerechnet. Doch wer will schon beim Pflanzen einer Blutbuche z. B. dreißig oder noch mehr Jahre vorausdenken? Das hieße, ihr die ersten zehn bis fünfzehn Jahre einen Platz unter anderen Sträuchern anzubieten, auf dem sie sich gut entfalten kann. Erst dann wäre sie so groß, dass sie sich von der Gruppe abhebt und ihren charakteristischen Wuchs entfaltet. Viele interessante alte englische Gärten und große Parkanlagen wurden mit solch weiser Voraussicht geplant.

Da wir Gärten meist mit Pflanzen anlegen, die schnell groß werden sollen, fehlt es in vielen alten Gärten an einem Kern aus schönem, altem Pflanzeninventar. Daher wird man aus den vorhandenen alten Pflanzen die besten aussuchen und sie mit neuen kombinieren. Man geht etwa wie bei der Erneuerung eines reifen Gartens vor; auch hier stellt sich die Frage, wie neues Leben mit altem zusammengefügt werden kann.

Typische Ausgangssituationen für die Umgestaltung

▶ Verwilderte Gärten

Ein verwilderter Garten wurde lange Jahre sich selbst überlassen, ohne viel gepflegt zu werden. Will man einen solchen »wilden« alten Garten wieder in Schwung bringen, erfordert das viel Arbeit. Zunächst wird der Boden dicht von Wildpflanzen und Unkräutern über- und durchwachsen sein. Diese sind oft sehr konkurrenzkräftig, sie entwickeln meist ein tiefes oder weit verzweigtes Wurzelwerk, zum Teil auch Ausläufer und Ranken und können so manche Gartenpflanze verdrängen. Wer je eine frei gewachsene Brombeerhecke mit Spaten und Pickel ausgegraben oder ein Brennesselfeld »bezwungen« hat, weiß, welche Mühe das bereiten kann. Daher stellen verwilderte Gärten eine besondere Herausforderung für die Besitzer dar, wenn sie daraus einen gepflegten Ziergarten machen wollen. Um Kräfte und Nerven zu schonen, empfiehlt es sich, einen solchen wilden Garten **stückweise** zu **verändern** und anfangs z. B. nur die Bäume und Sträucher auszulichten oder zurückzuschneiden. Wenn eine Vorstellung über den Endzustand oder sogar ein Gartenplan vorhanden ist, kann man schon im Voraus Prioritäten für bestimmte Arbeiten und Bereiche festlegen.

Einen verwilderten alten Garten muss man Beet für Beet oder Fläche für Fläche bezähmen, um daraus einen attraktiven Ziergarten zu schaffen.

Unkräuter beseitigen Unkräuter und Wildpflanzen setzen sich oft gegenüber den Gartenpflanzen durch. So nützt es nicht viel, ein Rosenbeet in einer Wildblumenwiese einzuplanen, wenn nicht gründliche Bodenvorbereitung vorausgegangen ist – z. B. zwei Spaten tiefes Umgraben – und man einen gewissen Freiraum ohne Wildpflanzen rund um das spätere Rosenbeet geschaffen hat. Beim Umgraben sollten alle Wurzel- und Dauerunkräuter mit entfernt werden, damit diese später im Rosenbeet nicht wieder »durchkommen«. Eine Gartenfräse würde diese Arbeit zwar sehr erleichtern, doch die kleingehäck-

selten Wurzel- und Rhizomstücke vieler Dauerwildkräuter treiben meist wieder aus und verbreiten sich dadurch um ein Vielfaches stärker. »Was für eine Arbeit!«, wird sich da mancher Gartenliebhaber denken; »Geht das nicht einfacher?« Doch, es gibt dafür einige Möglichkeiten.
Man kann etwa die Fläche, die man umgestalten möchte, einfach mit einer dickeren schwarzen Folie (z. B. Silofolie) oder Pappe (Pappkarton flach auslegen und anfeuchten) abdecken. Dies sollte möglichst vom Frühling bis zum Spätsommer geschehen. Alles, was darunter wachsen will, wird durch die entstehende Hitze zerfallen. Nach einigen Monaten findet man außer einer Mulchschicht nur etwas lockere Erde wieder.

Wer Wühlmäuse in der Nähe hat, sollte auf die Bodenabdeckung zur Unkrautbekämpfung verzichten, da sie sich davon besonders angezogen fühlen.

Bei der zweiten Variante gräbt man die zu bearbeitende Fläche im Spätherbst gut um oder setzt – bei größeren Flächen – dafür einen Pflug ein. Die Schollen frieren bis zum Frühling gut durch, und die Erde wird wesentlich feinkrümeliger. Ein Teil der Dauerwildkräuter ist dann erfroren, und im Frühling kann man die restlichen Arten leichter entfernen.

► Dunkle, schattige Gärten

In jedem Garten fing alles buchstäblich einmal klein an. Die jungen Fichten waren zunächst eine niedrige Hecke oder standen gut verteilt als Weihnachtsbäume in der Gartenfläche. Irgendwann wird dann den Gartenbesitzern bewusst, dass die kleinen Pflänzchen langsam zu Riesen geworden sind und vielleicht schon das Hausdach erreicht haben oder es überragen. Da bei vielen Nadelbäumen ein Rückschnitt die Pflanzen verkümmern oder zumindest nur sehr unansehnlich weiterwachsen lässt, stellt sich die Frage, was mit den Immergrünen im Garten geschehen soll. Was ist in einem Garten zu tun, der eher einem Fichten-, Kiefern- oder Tannenwald gleicht und in dem man das Haus vor lauter Bäumen nicht sieht?
Handelt es sich um eine alte Fichtenhecke, die unten verkahlt ist, aber noch genügend Schutz vor Straßenstaub, Lärm und unliebsamen Blicken bietet, dann könnte man die Hecke noch eine Weile nutzen. Auf der Innenseite bietet sich beispielsweise eine Vorpflanzung an, um dann, wenn die Fichten endgültig weichen müssen, gleich entsprechenden Ersatz zu haben. Die kahlen, unteren Bereiche könnten etwa mit Kletterpflanzen attraktiver gestaltet werden (siehe Seite 85 f.).
Manchmal entscheiden sich Gartenbesitzer jedoch auch gleich zum Entfernen der Bäume. Bei einzelnen Exemplaren bringt das erst einmal viel Licht und Luft in den Garten. Fehlt plötzlich eine ganze Hecke, ein Sichtschutz oder Schattenspender, dann kann der Garten dann zunächst sehr kahl und nackt wirken. Deshalb ist vor und mit dem Entfernen der Bäume ein entsprechender Ersatz zu berücksichtigen. Vorschläge und Beispiele finden Sie dazu auf den Seiten 75 und 91.
Obwohl starke Eingriffe wie das Herausnehmen größerer Gehölze zunächst scheinbar nur Leere nach sich ziehen, bieten sich in der Folge vielerlei Möglichkeiten, nicht nur für eine Umgestaltung, sondern auch für die schon vorhandenen Pflanzen. Dazu ein Beispiel: Eine Pfingstrose wurde ursprünglich an einer Terrasse gepflanzt. Mit den Jahren wurde sie von Nadelbäumen überwachsen, und sie musste sich immer mehr mit ihrem »Schattendasein« abfinden. Spärlicher oder sogar fehlender Blütenansatz war die Folge. Erhält sie durch die Umgestaltung wieder Licht, kann sie endlich wieder aufleben und prächtig blühen.
Nicht alle Gartenpflanzen werden sich so entwickeln wie diese Pfingstrose. Doch viele Gartenbesitzer machen die Erfahrung, dass mit der Veränderung von Licht und Klima alte Gartenpflanzen aufblühen oder aber sich zurückziehen werden, je nach ihren Standortansprüchen. Insgesamt kann man immer wieder feststellen, dass starke Eingriffe im Garten oft viele weitere Veränderungen mit sich ziehen, die vorher gar nicht bedacht wurden. Es ist wie mit der Renovierung eines alten Hauses – Überraschungen sind in jeder Hinsicht möglich.

► Geänderte Ansprüche der Besitzer

Viele Umgestaltungen werden nicht aufgrund des Alters eines Gartens vorgenommen, son-

dern weil sich die Ansprüche und Vorstellungen oder die Art der Nutzung geändert haben. Bei jungen Familien hat der Garten häufig die Funktion eines Erlebnis- und Spielgartens für die Kinder, mit einer robusten Rasenfläche für Ballspiele, einem Sandkasten, einem Schaukelgerüst oder anderem Spielgerät.
Nach einem guten Jahrzehnt spielen die Kinder nicht mehr im Garten, und die Geräte sind überflüssig geworden. Nun ist Raum für neue Ideen, die auch den Wünschen der Eltern besser Rechnung tragen. Statt dem Sandkasten wird vielleicht die Anlage eines Gartenteiches erwogen (siehe dazu Seite 102 ff.), an Stelle der Spielgeräte eine Staudenrabatte nach englischem Vorbild oder ein zweiter Sitzplatz. Vorschläge dafür finden Sie u. a. auf Seite 131 ff.

Die Bewohner werden älter – neue Ideen für den Garten Ganz anders verhält es sich bei Gartenbesitzern, die auf Grund körperlicher oder zeitlicher Einschränkungen den vorhandenen Garten nicht im gleichen Ausmaß wie bisher pflegen können. Ein gutes Beispiel hierfür sind die Nutzgärten, die ständiger Pflege und Unterhaltung bedürfen. Anstatt sie einfach zu einem Stück Rasen einzuebnen, könnte man aus diesem herrlich gepflegten Boden auch einen Rosen- oder Staudengarten erblühen lassen (siehe dazu Seite 148 ff.). Macht auch da zum Beispiel der Rücken nicht mehr mit, könnte man die Beete quasi einen »Stock höher setzen« und rückenschonende Hochbeete errichten, die die sonst gebückte Arbeit sehr erleichtern. Wem auch das noch zu arbeitsaufwändig erscheint, wird es vielleicht bei einem (neu angelegten) Rasen belassen, in dem dann anspruchsvolle Sträucher – etwa Strauchrosen – einen optimalen Boden und sonnigen Standort vorfinden.
Der Faktor Zeit spielt heutzutage natürlich auch in unseren Gärten und bei deren Pflege eine wichtige Rolle. Wer berufstätig ist, wird von einer aufwendigen Gartenpflege am Feierabend oder Wochenende eher Abstand nehmen und nach dem Motto: »Hauptsache pflegeleicht« einen bestehenden Garten verändern wollen. Hier wird das Schwergewicht dann besonders auf standortgerechte Pflanzenauswahl und pflegeleichte Pflanzungen liegen (siehe Seite 128 ff.). Vielleicht entsprechen aber auch pflegeleichte Naturgartenelemente wie Wildblumenbeete, Trockenmauern usw. den Neigungen der Gartenbesitzer (siehe Seite 142 ff.).

► Nach dem Hausumbau

Das Bild eines Gartens kann sich erheblich verändern, wenn ein darin stehendes Haus umgebaut wird, ein Anbau erfolgt, eine Garage oder ähnlich große Gebäude dazukommen. Dabei muss oft ein Teil der Pflanzen weichen, die zu nahe an der Baustelle stehen. Als Folge der Umbauten wird auch manchmal eine neue Wegeführung notwendig, es kommt vielleicht ein neuer Sitzplatz dazu, oder die ganze Perspektive eines Gartens ändert sich.
Auch in solchen Gärten wird man den alten Kern mit den neuen Pflanzungen sinnvoll verbinden müssen. Dabei sollte man zunächst das verbliebene alte Pflanzeninventar genau beurteilen.
Vielleicht lohnt es sich ja, den Garten bei dieser Gelegenheit gleich im Ganzen zu erneuern. Einige große Bäume sind vielleicht nicht mehr ganz gesund und drohen beim nächsten Sturm umzufallen. Meist ist bei einer solchen Gartenrenovierung auch ein neuer Rasen nötig. Es bietet sich daher eine Generalüberholung für den Garten an, die den Besitzern ein völlig neues Bild und für viele Jahre Ruhe beschert.

Die Frische von kühlen, schattigen Gartenpartien ist im Sommer sehr willkommen, einen ganzen Garten voller Schatten empfindet man dagegen als dunkel.

Wie Pflanzen sich verändern

Das wesentlichste Gestaltungsmittel in einem Garten sind die Pflanzen. Im Unterschied zu Gebäuden bleiben sie jedoch nicht so, wie sie einmal gepflanzt wurden. Sie verändern sich ständig, je nach Art und Wuchstyp unterschiedlich. Das macht die Gartengestaltung so reizvoll und stellt für Gartenbesitzer eine ständige Herausforderung dar. Am deutlichsten wird dies bei den Gehölzen. Schon vor der Pflanzung sollte man sich Gedanken über die Größe eines Baumes nach 10 oder 20 Jahren machen. Dabei sollen Ihnen die Übersichten und Tabellen auf den folgenden Seiten helfen. Aber auch die Stauden verändern sich mit der Zeit, was am besten sichtbar wird, wenn man eine Staudenrabatte über mehrere Jahre hinweg genau beobachtet.

So wie die Gärten, reifen auch die Pflanzen mit den Jahren; sie können jung, mittleren Alters oder schon alt sein. Um das Alter richtig einschätzen zu können, ist es hilfreich, die Größe, den Umfang und das Erscheinungsbild einer Pflanze genau zu betrachten. Sträucher, Hecken, Kletterpflanzen und Stauden zeigen ihr Alter an ihrem äußerem Erscheinungsbild eher als an ihrer reinen Größe. Bei Nadel- und Laubbäumen sehen wir dagegen an der Größe und am Umfang, wie alt ein Exemplar jeweils ungefähr ist.

Anhand der nachfolgenden Übersichten haben Sie die Möglichkeit, Ihre Pflanzen genauer einzuordnen. Mit dem Wissen um das Alter, den zu erwartenden Zuwachs und die Lebensdauer lassen sich manche Entscheidungen bei der Gartenumgestaltung leichter treffen.

Neben den arteigenen (genetischen) Voraussetzungen haben jedoch auch die Umweltfaktoren entscheidenden Einfluss auf das Lebensalter und die Entwicklung unserer Gartenpflanzen. Deshalb sind der passende Standort, zusätzliche Pflegemaßnahmen wie Wässern, Düngen und Bodenpflege sowie der Schnitt wichtige Kriterien bei der Frage, ob Pflanzen sich an ihrem Platz wohlfühlen und lange am Leben bleiben. Hinzu kommen noch das Klima, Kleinklima und die Bodenverhältnisse im Garten. Deshalb sind die Größenangaben in den Tabellen nur ungefähre Angaben. Wenn Ihre Pflanzen davon deutlich abweichen, kann das die Folge von sehr günstigen oder ungünstigen Bedingungen sein. Ein Beispiel: Auf einem sehr sandigen, trockenen Boden wird ein Perückenstrauch *(Cotinus coggygria)* etwa 1,5–2,5 m hoch. Steht der gleiche Strauch auf einem nährstoffreichen, lehmigen Standort in voller Sonne, erreicht er gut die doppelte Größe!

Links: Ein solches Prachtexemplar einer Korkenzieherhasel *(Corylus avellana* 'Contorta') erhält man erst nach ca. 40 Jahren geduldigen Wartens.

Lebensalter und Wuchshöhe von Gehölzen

Beginnen wir mit den großen Gehölzen, den Bäumen: Ein Baum ist eine verholzende Pflanze, die in der Regel einen Stamm, gelegentlich auch mehrere Stämme ausbildet. Dieser Stamm ist gerade und unverzweigt. Bäume haben schon in der Jugendzeit einen Trieb mit Knospen, die stark aufwärts gerichtet sind. Ab

Gerade mal kniehoch ist diese frisch gepflanzte Korkenzieherhasel; in einigen Jahren wird sie den ihr zur Verfügung stehenden Platz einnehmen.

Ausgewachsene Laubbäume im Größenvergleich

Deutscher Name	Botanischer Name	Höhe ca.	Standort	Besonderheiten
Rosskastanie	*Aesculus hippo-castanum*	20 bis 30 m	sonnig bis schattig	frosthart
Schwarzerle Roterle	*Alnus glutinosa*	10 bis 20 m	braucht feuchte Böden	kalkmeidend
Sandbirke, Weißbirke	*Betula pendula*	20 bis 30 m	anspruchslos	verträgt Rück-schnitt
Hainbuche, Weißbuche	*Carpinus betulus*	10 bis 20 m	frische Böden	schnittver-träglich
Trompetenbaum	*Catalpa bignonioides*	10 bis 15 m	geschützter Standort	in der Jugend frostanfällig
Weißdorn	*Crataegus laevigata*	5 bis 10 m	sehr tolerant	schnitt-verträglich
Rotbuche	*Fagus sylvatica*	20 bis 30 m	frische Böden	verträgt keine Bodenverdichtung
Esche	*Fraxinus excelsior*	20 bis 30 m	wärmeliebend	keine stehende Nässe
Winterlinde	*Tilia cordata*	15 bis 25 m	frische Böden	verträgt keine Bodenverdichtung
Stieleiche	*Quercus robur*	20 bis 30 m	wärmeliebend	wächst langsam

Oben und rechte Seite: Anhand der dargestellten Größen von 16 typischen Garten- und Parkbäumen lässt sich auf einen Blick erkennen, wieviel Platz jede Art im ausgewachsenen Zustand beanspruchen wird.

einem gewissen Alter beginnt sich die Pflanze dann zu verzweigen, die Krone bildet sich aus. Bei Nadelbäumen haben bestimmte Arten, wie z. B. viele Tannen, Fichten, Lärchen und Lebensbäume, einen durchgehenden Stamm oder Leittrieb, an dem sich die Seitenäste befinden.

Bäume können nach ihrer Größe unterteilt werden. Unter dem Begriff »**Großbäume**« versteht man Arten, die über 20 m Höhe erreichen. Zu den »**Bäumen**« zählen Exemplare von etwa 12–20 m Höhe, »**kleine Bäume**« erreichen ca. 5–7 m Höhe. Bei dieser Größe beginnt der fließende Übergang zu den »**Großsträuchern**«, die bis etwa 7 m gerechnet werden. Äußerlich ist der wesentliche Unterschied zwischen einem kleinen Baum und einem Großstrauch die Verzweigung, die bei Sträuchern im allgemeinen schon sehr weit unten beginnt. Bei manchen Arten läßt sich nicht genau festlegen, ob sie eher zu den Bäumen oder zu den Sträuchern gehören, z. B. bei Goldregen *(Laburnum* x *watereri)*, Fächerahorn *(Acer palmatum)* und Flieder *(Syringa vulgaris)*.

Wuchshöhe von Laubbäumen

In den obigen Grafiken sind einige wichtige Gartenbäume im Verhältnis zu einem 10 m hohen Haus zu sehen. Sie sind jeweils in der Altersform (im Alter von ca. 20 bis 30 Jahren)

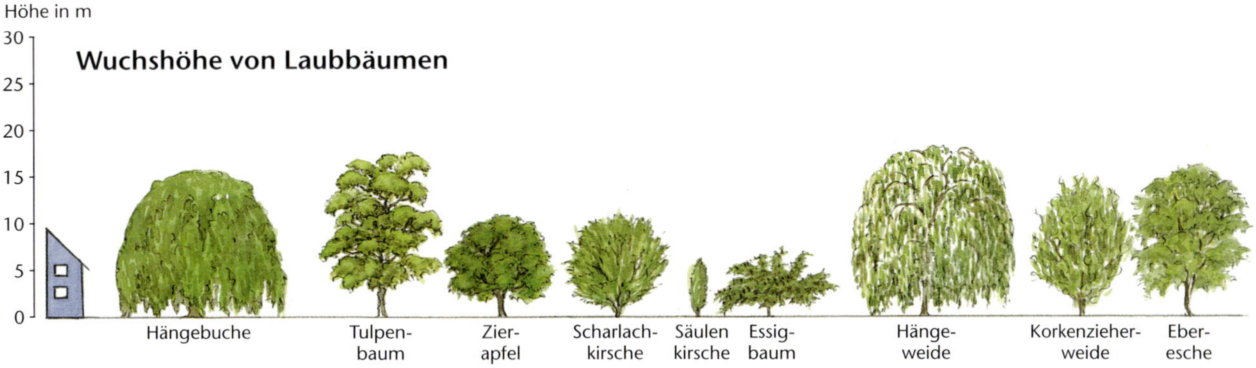

Deutscher Name	Botanischer Name	Höhe ca.	Standort	Besonderheiten
Hängebuche	*Fagus sylvatica* 'Pendula'	15 bis 20 m	frische Böden	wächst breiter als hoch
Tulpenbaum	*Liriodendron tulipifera*	10 bis 20 m	kalkmeidend	verträgt keine Bodenverdichtung
Robinie, Scheinakazie	*Robinia pseudoacacia*	15 bis 25 m	verträgt Hitze und Trockenheit	Neigung zu Windbruch
Tulpen-Magnolie	*Magnolia* x *soulangiana*	5 bis 10 m	braucht Sonne	Blüten frost-gefährdet
Zierapfel	*Malus toringo* var. *sargentii*	5 bis 10 m	braucht Sonne	schöne Blüten und Früchte
Scharlach-kirsche	*Prunus sargentii*	7 bis 10 m	frische Böden	schöne Blüte
Säulenkirsche	*Prunus serrulata* 'Amanogawa'	bis 9 m	frische Böden	wächst schmal
Essigbaum	*Rhus typhina*	4 bis 10 m	robust	bildet Ausläufer
Hängeweide	*Salix alba* 'Tristis Resistenta'	15 bis 20 m	frische Böden	wächst langsam
Korkenzieher-weide	*Salix matsudana* 'Tortuosa'	8 bis 12 m	robust	wächst schnell
Eberesche	*Sorbus aucuparia*	8 bis 12 m	braucht Sonne	schnitt-verträglich

einander gegenübergestellt. Geht man davon aus, dass die Pflanzen in einer Höhe von ca. 1 bis 1,5 m gesetzt wurden, sind sie nach etwa 10 Jahren etwa halb bis ein Drittel so hoch wie die abgebildete Altersform. Diese Angabe mag nicht für alle Arten gelten, sie ist jedoch ein guter Durchschnittswert. Damit bekommt man als Gartenbesitzer schon vor dem Kauf eine Vorstellung von der späteren Größe und dem Umfang eines Baums.

Wer einen größeren Baum in seinem Garten gesetzt hat, wird sich vielleicht überlegen, ihn durch Schnitt in gewisse Bahnen zu lenken. Da die wenigsten Laubbäume einen starken Rückschnitt im Alter vertragen, ist dieser Regulierung von Höhe und Breite oft Grenzen gesetzt. Selbst wenn dies noch möglich ist, wird der Baum dadurch oft seiner optischen Schönheit beraubt. Ein guter fachmännischer Schnitt darf einen Baum nicht verstümmeln, sondern soll ihn lediglich etwas formen und auslichten. Daher passen in die meisten Gärten am besten kleinkronige Bäume und Großsträucher.

Ahorn ist nicht gleich Ahorn Bei der Gegenüberstellung der Ahorn-Arten auf Seite 18 soll deutlich werden, wie vielfältig auch eine einzelne Pflanzengruppe und deren Arten bzw. Sorten sein können. Die 10 ausgewählten Arten sind im ausgewachsenen Stadium auf durchschnittlichen Standorten dargestellt,

Ahornarten im Größenvergleich

Deutscher Name	Botanischer Name	Höhe in ca. 20 Jahren	Standort	Besonderheiten
Schlitzahorn	*Acer palmatum* 'Dissectum'	0,5 bis 2 m	frische Böden	langsam wachsend
Kugelahorn	*Acer platanoides* 'Globosum'	2 bis 8 m	wärmeliebend	Kugelkrone ohne Schnitt
Fächerahorn	*Acer palmatum*	3 bis 5 m	frische Böden	auffallende Herbstfärbung
Rostbartahorn	*Acer rufinerve*	3 bis 10 m	empfindlich gegen Kalk	schöne Rinde Herbstfärbung
Roter Schlangen-hautahorn	*Acer capillipes*	3 bis 12 m	geschützter Standort	schöne Rinde Herbstfärbung
Feldahorn	*Acer campestre*	oft als Hecke als Baum bis 15 m	anpassungsfähige Art	trockenheits-resistent
Eschenahorn	*Acer negundo*	10 bis 20 m	windgeschützt	oft mehr-stämmig
Silberahorn	*Acer saccharinum*	10 bis 20 m	frische Böden	schnellwüchsig
Blutahorn	*Acer platanoides* 'Faassens Black'	10 bis 20 m	kein nasser Boden	Austrieb rot
Bergahorn	*Acer pseudo-platanus*	15 bis 30 m	tiefgründiger Boden	goldgelbe Herbstfärbung

wenn also der jährliche Zuwachs nur noch gering ist. Wie man deutlich sieht, kann man als »Ahorn« Exemplare von 0,5 m, 20 m oder gar 30 m Höhe (im Alter) erhalten. Dadurch wird klar, wie bedacht doch eine Auswahl der Arten und Sorten vor allem bei den Gehölzen erfolgen sollte, und wie wenig der Mensch den natürlichen Wachstumsdrang beeinflussen kann.

Wuchshöhe von Nadelgehölzen

Nadelgehölze, Koniferen oder Nadelbäume – mit diesen Begriffen bezeichnet man Gehölze, die – bis auf Lärche und Ginkgo – immergrün sind, Nadeln tragen und Zapfen bilden. Diese Nadeln können lanzettlich sein, wie z. B. bei Tannen oder Fichten, schuppenförmig wie bei Thuje oder Scheinzypresse, aber auch nadelförmig, wie beim Wacholder, oder haarartig wie bei manchen Kiefern. Am ungewöhnlichsten ist der Ginkgo, der fächerartige Blätter trägt. Das Wort Konifere bedeutet übrigens »Zapfenträger« und ist nicht immer ganz eindeutig, da es auch Nadelgehölze mit Beeren als Früchten gibt, wie die Eiben und den Wacholder.
Die Palette der Wuchsformen ist bei den Nadelgehölzen sehr vielfältig, sie reicht von niederliegend bis strauchartig, von überhängend bis säulenförmig und von baumartig bis rundlich oder kegelförmig. Daneben sind auch die Höhen und Breiten in dieser Pflanzengruppe sehr variabel. Deshalb zeigt die nachfolgende Tabelle wichtige Nadelgehölze in Größengruppen, wobei sich die Höhe auf ausgewachsene Pflanzen bezieht. Bei den höher wachsenden Arten sind in der Tabelle auch die Wuchshöhen von jüngeren und älteren Exemplaren aufgeführt. Das kann helfen, die eigenen Nadelgehölze besser einzuschätzen. Leider ist hier die Vielfalt so groß, dass auf botanische Namen zur genauen Bezeichnung nicht verzichtet werden kann.
Noch mehr als bei den Laubbäumen ist bei Nadelgehölzen ein Korrekturschnitt meist nicht ohne Schaden möglich (siehe dazu auch Seite 160 ff.). Deshalb brauchen sie ihren Freiraum zum Wachsen. Das gilt vor allem für Pflanzen, die einen durchgehenden Stamm haben, wie Tannen, Fichten, usw. Man belässt sie am besten ungeschnitten. Die Ausnahme bilden durch Schnitt geformte Pflanzen, z. B. Hecken und Einzelpflanzen. Doch hier beginnt man mit dem Formschnitt bereits im jugendlichen Alter. Er hat den Zweck der Formgebung und weniger den der Höhenreduzierung.

Wuchshöhe von Nadelgehölzen

Im Verhältnis zu einem zweistöckigen Haus sind die Größenunterschiede der verschiedenen Nadelgehölz-Formen im ausgewachsenen Zustand recht deutlich zu sehen.

Ausgewachsene Nadelgehölze im Größenvergleich

Zwergformen (Höhe: 10 bis 100 cm)

Zwerg-Balsamtanne
Abies balsamea 'Nana'

Zwergzypresse
Chamaecyparis lawsoniana 'Minima Glauca'

Tamarisken-Wacholder
Juniperus sabina 'Tamariscifolia'

Kriech-Wacholder
Juniperus communis 'Repanda', 'Hornibrookii'

Zwerg-Wacholder
Juniperus squamata 'Blue Carpet', 'Blue Star'

Zwerg-Fichten
Picea abies 'Little Gem', 'Echiniformis'

Zwerg-Kiefern
Pinus mugo 'Mops', 'Gnom'

Zwerg-Eibe
Taxus baccata 'Repandens'

Zwerg-Thuje, Zwerg-Lebensbaum
Thuja occidentalis 'Danica'

Zwerg-Hemlocktanne
Tsuga canadensis 'Jeddeloh'

klein bleibende Arten (Höhe: 0,8 bis 2,5 m)

Zwergform der Korktanne
Abies lasiocarpa 'Compacta'

Muschelzypresse
Chamaecyparis obtusa 'Nana Gracilis'

China-Wacholder
Juniperus chinensis 'Mint Julep', 'Old Gold', 'Pfitzeriana Aurea'

Sadebaum
Juniperus sabina 'Mas'

Zuckerhut-Fichte
Picea glauca 'Conica'

Zwerg-Kiefern
Pinus mugo ssp. *mugo*
Pinus densiflora 'Pumila'

Goldeibe
Taxus baccata 'Semperaurea'

Japanische Eibe
Taxus cuspidata 'Nana'

Hänge-Hemlocktanne
Tsuga canadensis 'Pendula', 'Bennet'

mittelhoch wachsende Arten (Höhe: 2 bis 5 m) ca. Höhe Jugend/Alter

Korea-Tanne
Abies koreana, 3 m/5 m

Niedrige Silberzypresse
Chamaecyparis pisifera 'Boulevard', 1 m/3–4 m

China-Wacholder
Juniperus chinensis 'Hetzii', 'Pfitzeriana', 'Blaauw' 1–3 m/2–4 m

Säulenwacholder
Juniperus communis in vielen Sorten, 1–2 m/4 m

Blauzeder-Wacholder
Juniperus squamata 'Meyeri', 1–2 m/2–3 m

Bergkiefer
Pinus mugo, 1–3 m/3–5 m

Blaue Mädchenkiefer
Pinus parviflora 'Glauca', 1–2 m/2–7 m

Gemeine Eibe
Taxus baccata, 1–3 m/3–8 m

Säuleneibe
Taxus baccata 'Fastigiata', 1 m/3–4 m

Media-Eibe
Taxus x *media* in Sorten, 1,5 m/4 m

hoch wachsende Arten (Höhe: 4 m und mehr) ca. Höhe Jugend/Alter

Kolorado-Tanne
Abies concolor, 6 m/15 m

Nordmann-Tanne
Abies nordmanniana, 6 m/20 m

Blaue Atlaszeder
Cedrus atlantica 'Glauca', 6 m/15 m

Scheinzypressen
Chamaecyparis lawsoniana in vielen Sorten, 2–4 m/5–9 m

Säulenwacholder
Juniperus communis 'Suecica', 1–3 m/4–6 m

Lärche
Larix kaempferi, 8 m/20 m

Serbische Fichte
Picea omorika, 5 m/15 m

Blaufichte, Stechfichte
Picea pungens 4 m/15 m

Österr. Schwarzkiefer
Pinus nigra ssp. *nigra*, 3 m/15 m

Weymouth-Kiefer
Pinus strobus, 5 m/20 m

Thuje, Lebensbaum
Thuja occidentalis in Sorten, 2 m/5–15 m

Hemlocktanne
Tsuga canadensis, 3 m/10–15 m

Sträucher können in vier Größengruppen eingeteilt werden, wobei die größten Arten, wie z. B. der Flieder, schon den Übergang zu den Bäumen bilden.

Wuchshöhe von Sträuchern

Sträucher sind verholzende Pflanzen, die sich im Gegensatz zu den Bäumen direkt von unten an verzweigen. Sie bilden also von Grund auf mehrere gleichwertige Haupttriebe. Es gibt allerdings auch Übergänge zwischen Sträuchern und Bäumen. Flieder beispielsweise wächst anfangs strauchartig und kann sich im Alter oder auch durch gezielte Schnittmaßnahmen zu einem kleinen Baum entwickeln. Unter den Sträucher findet man sowohl immergrüne als auch sommergrüne Arten, wobei letztere überwiegen.

Je nach Wuchshöhe können die Sträucher wiederum in verschiedene Gruppen eingeteilt werden. Eine Aufstellung ist in der nebenstehenden Tabelle zu sehen. Die Höhenangaben beziehen sich auch hier auf ausgewachsene Exemplare.

Zwergsträucher sind die kleinsten Vertreter dieser Gruppe. Sie wachsen bis ca. 60 cm hoch und können oft mit Stauden verwechselt werden (Lavendel, Heidekraut). Sträucher haben gegenüber den Stauden verholzende Triebe, die auch im Winter erkennbar sind. Die nächste Gruppe der **Kleinsträucher** umfasst Arten mit einer Wuchshöhe von ca. 50 bis 150 cm. Unter dem Begriff »**Mittelhohe Sträucher**« sind unsere bekanntesten Arten, wie z. B. die Forsythie und der Hartriegel, einzuordnen. Man rechnet bei ihnen mit einer Wuchshöhe von ca. 150 bis 250 cm. Als Übergang zu den Bäumen verbleiben dann noch die sogenannten »**Großsträucher**«, die etwa 250 cm bis 700 cm hoch wachsen.

Die meisten Sträucher sind zumindest im Jugendstadium und im jüngeren Holz recht gut zurückzuschneiden und treiben danach wieder gut aus. Sträucher können durch ihren Wuchs (Korkenzieherhasel), die Belaubung (Spindelstrauch), die Blüte (Forsythie), den Fruchtschmuck (Felsenmispel) oder ihre Rinde (Hartriegel) auffallen. Aufgrund ihrer Vielfältigkeit sind sie fast überall einzusetzen.

Gut in einen ländlichen Garten passen Rote Sommerspieren (*Spiraea*-Bumalda-Hybriden), die ähnlich lang wie Rosen blühen.

Sträucher im Größenvergleich

Zwergsträucher (Höhe: 20 bis 60 cm)

Zwerg-Berberitzen
Berberis candidula
B. buxifolia 'Nana'

Besenheide
Calluna vulgaris

Felsenmispel
Cotoneaster dammeri
C. microphyllus

Winterheide
Erica carnea
in Sorten

Spindelstrauch
Enonymus europaeus

Ginster
Genista lydia

Johanniskraut
Hypericum 'Hidcote'

Lavendel
Lavandula angustifolia

Dickmännchen
Pachysandra terminalis

Fingerstrauch
Potentilla fruticosa
'Red Ace'

Zwerg-Azaleen,
Japanische Azaleen
Rhododendron-Hybriden
in vielen Sorten

Zwerg-Rhododendron
Rhododendron-Repens-
Hybriden,
Rh. impeditum

Zwerg-Rosen,
Mini-Rosen

Skimmie
Skimmia japonica

Rote Sommerspiere
Spiraea-Bumalda-*Hybriden*
'Anthony Waterer'

Preiselbeere
Vaccinium vitis-idaea

kleine Sträucher (Höhe: 50 bis 150 cm)

Kleine Berberitzen
Berberis thunbergii,
B. verruculosa

Zwergbirke
Betula nana

Zwergbuchs
Buxus sempervirens
'Suffruticosa'

Bartblume
Caryopteris x *clan-donensis*
'Heavenly Blue'

Zier-Quitte
Choenomeles japonica

Schmuck-Ginster
Cytisus x *praecox*

Hortensie
Hydrangea macrophylla

Mahonie
Mahonia aquifolium

Fingerstrauch
Potentilla fruticosa
'Goldfinger'

Zwerg-Rhododendron
Rhododendron-Repens-
Hybriden in Sorten

Rhododendron
Rhododendron-
Yakushimanum-Hybriden

Beetrosen und
Bodendeckerrosen

Spierstrauch
Spiraea thunbergii

Schneeball
Viburnum carlesii

Weigelie
Weigela-Hybride
'Eva Rathke',
W. florida
'Purpurea'

mittelhohe Sträucher (Höhe: 150 bis 250 cm)

Größere Berberitzen
Berberis x *ottawensis*
'Superba'

Felsenbirne
Amelanchier ovalis

Buchsbaum
Buxus sempervirens
var. *sempervirens*

Schmetterlings-Strauch
Buddleja davidii-Hybriden

Zier-Quitte
Choenomeles speciosa

Hartriegel
Cornus alba in Sorten

Korkenzieherhasel
Corylus avellana 'Contorta'

Felsenmispel
Cotoneaster in Arten

Forsythie
Forsythia x *intermedia*

Eibisch
Hibiscus syriacus
in Sorten

Großblumige Rhodo-dendren
Rhododendron-Hybriden
in Sorten

Rhododendron
Rhododendron-
Williamsianum-Hybriden

Strauchrosen
und viele Wildrosen

Spierstrauch
Spiraea x *vanhouttei*

Oster-Schneeball
Viburnum x
burkwoodii

Weigelie
Weigela-Hybride
'Bristol Ruby', *W. florida*
'Newport Red'

hohe Sträucher (Höhe: über 250 cm)

Feuerahorn
Acer ginnala

Strauchkastanie
Aesculus parviflora

Kupfer-Felsenbirne
Amelanchier lamarckii

Aralie
Aralia mandshurica

Kornelkirsche
Cornus mas

Haselnuss
Corylus avellana

Perückenstrauch
Cotinus coggygria

Zaubernuss
Hamamelis mollis

Sanddorn
Hippophaë rhamnoides

Liguster
Ligustrum vulgare

Bauernjasmin
Philadelphus
coronarius

Kletterrosen

Schwarzer Holunder
Sambucus nigra

Schirmbambus
Fargesia murielae

Flieder
Syringa vulgaris

Tamariske
Tamarix parviflora

Selbst Steine altern

Auch Steine, Gebäude und andere feste Bestandteile im Garten sind einem Alterungsprozess unterworfen, obwohl sie sich nicht so schnell wie Pflanzen verändern. Und doch sind sie feste Elemente, die erhalten, erneuert oder verändert werden sollten, um sich in den umgestalteten Garten wieder harmonisch einzufügen oder sogar neue Akzente zu setzen. Die folgenden Seiten sollen Anregungen geben zum Erhalt dieser Bauteile und Ideen für Kombinationen mit neuen Materialien.

Es ist wie mit alten Häusern – auch in Gärten entdeckt man immer wieder bauliche Bestandteile, die einer Renovierung bedürfen: Mauern, Treppen, Geländer, Pflaster und Beläge, Zäune, Rankhilfen, Pergolen sowie befestigte Flächen in allen Variationen, wie Sitzplätze, Wege, Zufahrten und Eingänge; außerdem nicht zuletzt alle kleinen Gebäude, die dem Garten zugedacht sind, wie Gerätehäuschen, Schuppen, Pavillons, Lauben und Gartenhäuschen. Im Grunde gehören auch Wasserbecken, Teiche und sogar die Beleuchtung, die Gartenmöbel, Schmuckgefäße und Skulpturen eines Gartens dazu.
Junge Gärten und Außenanlagen werden fast immer mit neuen Materialien und Pflanzen ausgestattet. Doch so wie die Pflanzen altern, also zunächst reifen und in voller Schönheit erstrahlen, um irgendwann nachzulassen (siehe Seite 10), nagt der Zahn der Zeit auch an den baulichen Gartenbestandteilen. Eine

alte Pergola aus Holz kann z. B. unter der Last eines alten Weinstocks zusammenbrechen, Pflasterbeläge an Wegen und Sitzplätzen werden nach Jahren moosüberwachsen und brüchig, usw. Diese Entwicklung geht natürlich bei den festen Gartenbestandteilen weniger schnell als bei Pflanzen. Doch durch gutes Beobachten, das Achten auf Schwach- oder Fehlerstellen und deren frühzeitige Beseitigung sowie entsprechende Pflege lassen sich auch die festen Bestandteile eines Gartens recht lange am Leben erhalten.
Auf den nächsten Seiten geht es um den Erhalt, die Renovierung oder Erneuerung der baulichen Gartenbestandteile. Dabei ist klar, dass hier nur ein gewisser Überblick über die Haltbarkeit und Pflege der wichtigsten Elemente gegeben werden kann. Viele Details hängen schließlich von den genauen Umständen, dem Standort, der Pflege, der Verarbeitung und der Qualität des Materials ab.

Pflaster und Beläge

Alle Flächen im Garten, die trittfest und gut begeh- oder befahrbar sein sollen, werden in irgendeiner Form befestigt sein. In der einfachsten Variante ist dies vielleicht die Kombination von **Rasen mit Schrittplatten** oder eine **Beton-Gras-Kombination** (Rasenpflaster oder gitterförmige Betonplatten mit Raseneinsaat). Solche Wege sind bis auf den Rasenschnitt recht pflegeleicht. Sind die Platten nur zum Begehen gedacht, muss auch der Unter-

➡ Wege im Rasen oder in der Kombination Rasen und Stein wirken nur dann gut, wenn der Rasen schön gleichmäßig dicht ist. Stehen an einer Stelle häufig Autos oder ist es zu schattig, sprießen die Gräser oft recht dürftig. Hier ist zu überlegen, ob nicht andere Belegsvarianten sinnvoller wären, wie z. B. eine Schotterfläche.

Die festen Gartenelemente, wie dieser schöne, aber restaurierungsbedürftige Zaun, bilden oft das Rückgrat eines Gartens.

Holzdielen zeigen eine architektonische Linienführung und sind mit entsprechenden Profilen auch sehr rutschfest.

Holz

Bei Belägen aus Holz kann man zwei grundlegende Verlegearten unterscheiden: zum einen kesseldruckimprägnierte Rundhölzer, die in ein Splittbett verlegt und mit Splitt verfugt werden. Diese Variante ist für wenig begangene Wege und Flächen günstig, hat aber den Nachteil einer kürzeren Lebenszeit. Zehn Jahre sind dafür ein guter Mittelwert. Zum anderen Beläge aus Holz, die für Terassen, Balkone und hausnahe Sitzplätze eingesetzt werden. Auf einen Unterbau aus Hartholz kommen dickere Bretter oder Bohlen, die auf der Oberseite mit Rillen versehen sind. Das verhindert das Rutschen bei Feuchtigkeit. Da hier das Holz nicht direkt mit dem Boden in Kontakt kommt, sind solche Holzterassen sehr langlebig. Verwendet man dann noch engporige Harthölzer wie Red bzw. Yellow Cedar, Lärche oder Robinie, ist eine lange Haltbarkeit fast garantiert. Eine Imprägnierung bei diesen Hölzern ist nicht unbedingt erforderlich.

Alte Beläge renovieren

Zunächst ist eine gründliche Reinigung notwendig. Wer alte Betonplatten oder Waschbetonplatten wieder in Schuss bringen möchte, kann es mit einem Hochdruckreiniger versuchen. Algen, Moose und Ansammlungen von Staub können mit einem scharfen Wasserstrahl mühelos entfernt werden. Zur Not tut es aber auch eine grobe Bürste.
Wasser und Bürste sind auch bei **Natursteinen** die einfachsten Möglichkeiten der Reinigung. Ein sanftes Mittel ist die Verwendung von warmem Wasser und Schmierseife, mit dem

Wer nur kleine Flächen zu erneuern hat, kann sogar »Imitate« aus Beton gießen. Dafür stellt man eine Schalung aus Holz her oder sticht bei schwerem Boden gleich aus dem Erdreich die exakte Form aus. Darin wird zähflüssiger Beton gegossen und kurz vor dem Erhärten mit einer Drahtbürste aufgerauht.

hartnäckigere Verschmutzungen mit einem harten Bürstenmaterial (evtl. Aufsatz einer Bohrmaschine) abgetragen werden können. Bei Belägen mit dichter Oberfläche (z. B. Muschelkalk, Granit, Porphyr) sind die im Handel befindlichen Zementschleierentferner gut geeignet, um Kalkreste und evtl. Rostflecken zu beseitigen. Andere Mittel zur Reinigung von Belagsoberflächen nennen sich Allzweck-Steinreiniger und sollten nach Gebrauchsanleitung angewendet werden. Wer auch damit keinen Erfolg hat, kann die Oberflächen noch mit Dampf- oder Sandstrahler säubern.
Von stark ätzenden Mitteln (Salzsäure o. ä.) wird im Allgemeinen abgeraten. Manche Beläge verändern bei einer solchen Behandlung ihre Farbe, und angrenzende Pflanzflächen können durch die ätzenden Gase in Mitleidenschaft gezogen werden.

Vor der Behandlung einer Belagsfläche mit chemischen Mitteln sollte man unbedingt zunächst an einer kaum sichtbaren Stelle einen Versuch machen, um die Wirkung und die möglichen Veränderungen zu prüfen.

Weiche Belagsarten, z. B. Sandstein, lassen sich weitaus einfacher renovieren. Die Platten werden einige Stunden in Wasser gelegt und danach mit einer Drahtbürste gesäubert, indem man die Oberfläche in verschiedenen Richtungen behandelt.
Ein anderes Problem sind **gesprungene oder geplatzte Platten**. Nimmt man eine ganze Fläche auf, kann man die alten Steine zurechtsägen, so dass sie in der neuen Form ins Bild passen. Betonsteine lassen sich sehr gut bearbeiten, bei Natursteinen braucht man mehr Geschick und Erfahrung, um z. B. die Bruchkanten exakt abzuschlagen.

Sockel und Mauern

Sie sind normalerweise im Garten für Zäune, als Sichtschutz oder Höhenausgleich errichtet worden. Bei guter Verarbeitung halten sie jahrzehntelang. Wichtig ist lediglich, dass in die Mauerkrone möglichst wenig Wasser eindringen kann. Daher ist die Überprüfung der Abdecksteine von Zeit zu Zeit notwendig. In diesem Zusammenhang sind auch **Ausblühungen** zu nennen. Dabei handelt es sich um Ausdünstungen von leicht löslichen Salzen, die durch Farbaufhellungen in Erscheinung treten. Manche verschwinden durch die Witterung von selbst wieder, andere bleiben erhalten und sollten mit einer Drahtbürste oder mit Wasser entfernt werden. Vorsicht: Arbeitet man bei der Reinigung mit einem Hochdruckreiniger oder Sandstrahler, können die Fugen Schaden nehmen!
Ist eine Mauer oder deren Putz an bestimmten Stellen lose geworden, sollte man sie von einer Fachfirma auf Haltbarkeit und Standfestigkeit prüfen lassen. Teilweise kommen solche Schäden durch das Eindringen von Wasser zustande. Gegebenenfalls ist dann zu klären, ob mit dem vorhandenen Natursteinmaterial nicht noch einmal eine neue Mauer erbaut werden kann, oder ob die Steine gemischt mit neuem Material zum Einsatz kommen können.
Mauern und Zäune, die an Grundstücksgrenzen verlaufen, müssen wegen der Verkehrssicherheitspflicht regelmäßig auf Standfestigkeit begutachtet werden, um Schäden, die durch abbrechende Mauerteile entstehen könnten, zu vermeiden.

Bei der Erneuerung von alten Einfriedungen sollte man sich vorsichtshalber nach den örtlichen Vorschriften (Bauamt) und evtl. dem maßgeblichen Denkmalschutzgesetz erkundigen. So kann man sich unnötigen Aufwand und unliebsame Überraschungen ersparen.

Natursteine sind so langlebig, dass man sie immer wieder aufnehmen und neu verlegen kann.

Tore, Zäune und andere Bauteile

... aus Metall

Tore und Zäune werden häufig aus Schmiedeeisen oder Stahl gefertigt, seltener auch Pergolen und Rankgerüste. Früher gab es auch noch häufiger Konstruktionen aus Gusseisen. Die meisten Gitterarten aus Metall benötigen zum Schutz vor Wasser und anderen Umwelteinflüssen einen Schutzanstrich in zwei Schichten: eine Grundierung und den eigentlichen Farbanstrich. Ältere Gitter-, Tor- und Zaunteile, an denen schon der Rost nagt, sollten mit besonderer Sorgfalt von alter Farbe und Rost mit Schmirgelpapier oder einer Drahtbürste befreit werden, bevor sie einmal vor- und zweimal nachgestrichen werden. Es gibt zwar Farben im Handel, mit denen man rostige Stellen direkt überstreichen kann, doch ist deren Wirkung nur so lange von Dauer, bis die alte Farbe Schwachstellen bekommt. Problematisch sind alte Zäune und Pergolen, die gut bewachsen sind. Um das Gitter bearbeiten zu können, hilft nur das Zusammenbinden der Pflanzen oder das Abhalten durch Bretter oder ähnliche Vorrichtungen. Sind sie von Kletterpflanzen völlig überwuchert, müssen diese bei Bedarf ganz zurückgeschnitten werden, um überhaupt an die Metallteile heranzukommen.

Auch die einfach zu errichtenden **Zäune aus Maschendraht** altern. Dabei sind feuerverzinkte Maschendrahtzäune weniger lange haltbar als die grünen Varianten, die mit Kunststoff ummantelt sind. Werden die entsprechenden Pfosten aus Beton oder Metall einmal wackelig, ist meist auch der Zaun in Auflösung begriffen. Dann hilft es nur, einen neuen Zaun zu errichten – wenn nicht die bestehende Pflanzung bereits den gewünschten Schutz gewährleistet.

... aus Holz

Tore, Zäune und Sichtschutzteile aus Holz gibt es in unzähligen Varianten. Auch hier liegt die Haltbarkeit an der Art des Holzes und seiner Verarbeitung und Pflege. Sobald Regen und Witterung das ungeschützte Holz angreifen, wird es leicht morsch und ist dann durch

neues zu ersetzen. In den meisten Fällen wird Holz, ebenso wie Metall, durch einen Anstrich mit Holzschutzmitteln oder einen Farbanstrich vor der Verwitterung geschützt. Ausnahmen bilden Staketenzäune, Spalt-, Latten- und Bretterzäune aus Hartholz.
Leider ist es so, dass die heute überall erhältlichen **Sichtschutzwände in Leichtbauweise** (vom Baumarkt) nur vorübergehend haltbar sind. Etwa 10 Jahre kann man ihnen im Durchschnitt gewähren, vor allem dann, wenn die Pfosten und tragenden Teile aus Holz gefertigt und im Erdreich verankert sind. Häufig ist es jedoch so, dass nach etwa 10 Jahren die benachbarten Pflanzen groß genug sind, um den Sichtschutz zu übernehmen.
Noch ein Wort zu **Pergolen aus Holz**. Sie stehen gewöhnlich nicht direkt mit dem Holz auf der Erde und sind deshalb auch wesentlich langlebiger als die meisten Sichtschutzwände. Wird das verwendete Holz allerdings brüchig und morsch, muss es durch neues ersetzt werden, was oft einen Rückschnitt oder ein Umlegen der berankenden Pflanzen notwendig macht. Günstig ist es deshalb, diese Arbeit in das Frühjahr zu legen, denn nach dem Neubau und der Holzbehandlung können die zurückgeschnittenen Pflanzen wieder angebracht werden und gut austreiben. Am besten ist es, wenn sich die Renovierung der Pergola mit den ohnehin nötigen Rückschnittsarbeiten verbinden lässt.

Oben: Das weiß gestrichene Holztor ist sehr einladend und passt gut zu einem Landhausgarten.

Unten: Staketenzäune sind in ihrer Wirkung schlicht und anspruchslos, wie hier in einem Staudenbeet zu sehen.

Linke Seite: Tore aus Schmiedeeisen wirken edel und trotzdem leicht.

Die Umgestaltung planen

Was bedeutet es, einen bestehenden Garten umgestalten zu wollen? Es heißt, von dem bestehenden Garten oder Gartenteil auszugehen, seine Vorzüge herauszuarbeiten und die überflüssigen Anteile zu beseitigen. Das klingt vielleicht einfacher, als es viele Gartenbesitzer erwarten würden. Die nächsten Seiten sollen Ihnen die komplexe Aufgabe der Umgestaltung eines vorhandenen Gartens erleichtern, indem sie in das »Gärtnerlatein« rund um die Gestaltung einführen, Schritt-für-Schritt konkrete Möglichkeiten aufzeigen, Ihre Ideen umzusetzen, und Praxiswissen mit auf den Weg geben.

Der eigene Gartenstil

Will man einen Garten umgestalten, gibt es meistens zwei verschiedene Ausgangssituationen: Entweder man hat selbst den Stil und Inhalt des Gartens bei der Anlage mitbestimmt und jetzt das Resultat vor Augen. Dann ist man mit dem Stück Land aufs Beste vertraut und kennt normalerweise die Pflanzen, das Klima und das Wesen des Gartenstücks recht gut. Oder man übernimmt einen eingewachsenen Garten und steht (vielleicht als AnfängerIn oder Laie) vor einem unbekannten Areal, dessen Geist sich sozusagen erst mit der Zeit offenbart. Beiden Situationen gemeinsam ist die Tatsache, dass der Gartenraum schon in gewisser Hinsicht festgelegt ist. Gebäude, Wege, Plätze und natürlich die Pflanzen haben die Fläche bereits aufgeteilt und einen eigenen Charakter entfaltet. Was den neuen oder bisherigen Gartenbesitzern nun bleibt, ist die Aufgabe, die vorhandenen Gegebenheiten mit neuen Ideen und Konzepten zu einem neuen Ganzen zusammenzufügen. Das ist die eigentliche Kunst bei der Um-

Altes Kopfsteinpflaster, ein schmiedeeisernes Gartentor, romantische Rosenbeete und eine geschützte Lage zwischen zwei Häusern passen gut zu dem verträumten Landhausstil, den dieser Garten in vollendeter Weise verkörpert.

Rechts: Klare, formale Elemente wie diese Buchsbaumhecken ordnen eine Fläche streng geometrisch.

gestaltung älterer Gärten: Den eigenen Stil, der zu einem selbst passt, in den vorhandenen Gartenstil einzubringen und beide sinnvoll zu ergänzen.
In Gartenkursen zum Thema »Gartengestaltung« stelle ich oft die Frage: »WAS BEDEUTET FÜR SIE EIN SCHÖNER GARTEN?« Manchmal blicken mich dann etwas ratlose Gesichter an. Es hilft, sich mit geschlossenen Augen den eigenen Traumgarten in der Phantasie vorzustellen, um Anhaltspunkte für den eigenen Stil zu bekommen. Bilder »idealer« Gärten gibt es in Gartenzeitschriften und -büchern zur Genüge. Es mag sein, dass uns dadurch bereits zu viele vorgefertigte Ideen zum Nachahmen angeboten werden. Doch nicht jede Idee passt in den vorhandenen Garten und vor allem zu den (neuen) Gartenbesitzern. Würde man einfach Idee an Idee im eigenen Garten aneinanderreihen, gäbe es gestalterisch eher Verwirrung als Harmonie. Besonders in Gärten, die schon ihren eigenen Charakter mit den Jahren entwickelt haben, ist eigene Kreativität und Phantasie gefragt, um sie mit neuen Ideen aufzumöbeln. Es ist im Grunde wie mit Ihrer Wohnungseinrich-

Der Wunsch vieler GartenbesitzerInnen: ein romantischer Garten, der zum Träumen einlädt.

tung. In ein rustikales Wohnzimmer passt eben selten eine postmoderne Sitzgruppe oder ein antiker Sekretär. Doch im Garten gruppieren manche Hobbygärtner viel leichter Beetrosen und Bambus unter hohen Blaufichten. Da locken eben die Farbe, der Preis oder das interessante Aussehen beim Einkauf. Steht man dann mit den Mitbringseln im Garten, fragt man sich: »Wohin soll ich nun damit?« Bei Möbeln und der Inneneinrichtung liegt der Gedanke an den richtigen Platz oft schon beim Kauf wesentlich näher als bei Pflanzen. Auf die Frage, wie ich denn den Stil einer Gartenbesitzerin oder eines Gartenbesitzers erfassen würde, antwortete ich einmal spontan: »Indem ich durch das Wohnzimmer nach draußen gehe«. Denn das, womit sich Menschen umgeben, drückt bewusst oder unbewusst auch ihre persönliche Note aus.

Bekannte Stilrichtungen für Gärten sind z. B.

- Ländlicher Stil
- Städtischer oder vorstädtischer Stil (urbaner Stil)
- Formaler Stil
- Romantischer oder verträumter Stil
- Moderner, sachlicher Stil
- Naturnaher Stil
- In Anlehnung an andere Länder: z. B. südländischer (mediterraner), japanischer oder englischer Stil

Garten, Wasseranlage und Haus entsprechen mit ihren klaren Linien und Formen dem modernen, sachlichen Gestaltungsstil.

Die Kunst einer gelungenen Gartengestaltung

Schaut man den Profis der Gartengestaltung über die Schulter, dann mag der Laie verblüfft sein, mit welcher Einfachheit sie Gärten einen unverwechselbaren, eigenen Charakter geben. Er ist wie ein roter Faden, ein innerer Zusammenhang, der sich durch alles zieht, was den Gartenraum betrifft. Gut angelegte Gärten behalten ein bestimmtes **Thema**, den roten Faden, auch im Alter bei. Es sind nicht die in Gartencentern wegen ihrer Schönheit zusammengekauften und dann im Garten aufgereihten Pflanzensammlungen, die diese Einheit herstellen. Auch blüht nicht zu jeder Jahreszeit irgendwo immer etwas. Es sind oft nur einzelne Pflanzen oder die **Wiederholung bestimmter Formen**, gezielt und bewusst an bestimmten Stellen eingesetzt, sowie eine **klare Linie**, die sich durch den ganzen Garten zieht. Diese klare Linie stellen z. B. langlebige bauliche Elemente dar, wie Wege, Plätze, Teiche, Treppen, Gebäude, Mauern, aber auch langlebige pflanzliche Bestandteile, wie Hecken, Bäume, Sträucher und große Stauden.

Links: Mit einem Minimum an Pflanzen und Material erzeugt man in fernöstlich orientierten Gärten Harmonie und Ruhe.

Ein Gartengestalter kommt häufig mit einer relativ kleinen Pflanzenpalette aus. Die auferlegte Beschränkung gibt letzten Endes mehr Freiheit und Schönheit als ein Zuviel an Vielfalt. Wie sagte schon Hugh Johnson, ein bekannter englischer Gartengestalter:

> »Vielfalt belebt den Garten
> wie Einheit ihn beseelt.«

Genaues Beobachten ist unerlässlich

Doch kommen wir zurück zu den Gartenamateuren. Wie finden sie mit dem vorhandenen Inventar zu einem eigenen Stil? Eine Möglichkeit ist das genaue Beobachten. Wer gerade einen alten Garten übernommen hat, braucht dafür etwas Zeit, wenn möglich vielleicht ein ganzes Jahr, um alle Facetten der vier Jahreszeiten erleben zu können. Es gilt, den Garten und die nähere Umgebung mit wachem Blick zu durchstreifen. Manchmal hat der vorhergehende Gartenbesitzer etwas eingeplant, was auf den ersten Blick seltsam oder unlogisch erscheint, sich mit der Zeit aber als sinnvoll erweist.
Folgende Fragen können Sie bei einer solchen längerfristigen Garteninspektion festhalten und beantworten:

- Welche Pflanzen stehen auf dem Grundstück?
- Wie groß sind sie, wie dominant sind sie für den jeweiligen Gartenbereich/für den ganzen Garten?
- Wie gesund, wie ansehnlich sind die Arten?
- Welche Blatt- und Blütenfarben sind anzutreffen, welche herrschen vor?
- An welchen Stellen ist der Boden häufig feucht oder trocken?
- Welche Stellen sind oft beschattet bzw. oft besonnt?
- Wo ist es windstill, wo weht immer ein kühles Lüftchen?
- Wie sind die Klima- und Wetterverhältnisse im Garten?
- Welche Teile des Gartens wirken harmonisch und ansprechend?
- Welche Teile des Gartens gefallen mir nicht (mehr)?
- Wie steht es um die baulichen Gartenteile? Sind sie noch ansprechend und haltbar?
- Welche Gebäude geben dem Garten Charakter oder bestimmen ihn maßgeblich?
- Wie sind die Umgebung, der Baustil und die Gärten der angrenzenden Häuser?
- Welche Pflanzen kommen in der Umgebung häufig vor?
- Welche geologischen Gegebenheiten liegen vor? Ist die Landschaft flach, hügelig, felsig, weitläufig usw.?

Durch das genaue Beobachten über einen längeren Zeitraum hinweg erhält man einen anderen Bezug zu seinem anvertrauten Gartenareal. Man kann damit dem »Wesen des Ortes« näherkommen. Es gibt sogar Gartenarchitekten, die bei entsprechenden Möglichkeiten das Wesen eines Gartens und den Bewohnern dadurch zu ergründen versuchen, dass sie vor einer Planung einige Tage oder Stunden vor Ort sind und ihn auf sich wirken lassen. Mit dem sich einstellenden Gefühl, den Gegebenheiten vor Ort und dem entsprechenden Fachwissen entsteht dann ihre Vorstellung zunächst auf dem Papier. Menschen, die gerne malen oder fotografieren, erfassen gewöhnlich auch recht schnell den Charakter einer Situation, weil sie darin geübt sind, das Wesentliche zu erkennen.
Ein eingewachsener Garten braucht also ein gutes Auge, um »erkannt« und erfasst zu werden. Erst dann und mit diesen Ergebnissen kann sich – gepaart mit den eigenen Wünschen und Vorstellungen – ein persönlicher Stil entwickeln, so dass sich Vorhandenes und Neues harmonisch integrieren lassen.

Ein Konzept erstellen

Am besten hält man seine Wünsche und Vorstellungen nun in einem übersichtlichen Kon-

Ein Konzept erleichtert es, auch bei der Umgestaltung den Überblick über die Gestaltung und die Anlage insgesamt zu behalten. Die wesentlichen Strukturen und Elemente sollen den Garten über Jahrzehnte begleiten (raumbildende Gehölze, Hecken, Hauptwege und -plätze, Wasserflächen), dagegen sind kleinere Veränderungen jederzeit möglich.

zept, einer Art Vorplanung fest. Dabei können folgende Inhalte berücksichtigt werden:

- Die Wirkung, der Ausdruck und der Stil, den ein Garten schon hat oder bekommen soll.
- Die Mittel, die für die Umgestaltung sowohl in zeitlicher als auch in finanzieller Hinsicht vorhanden sind.
- Die Gestaltungsgrundsätze, die bei den bestehenden Vorgaben zum gewünschten Ergebnis führen.

Doch Hand auf's Herz: Welcher Gartenneuling oder selbst erfahrene Gartenbesitzer macht sich schon ein genaues Konzept? Der Weg geht meistens ganz anders: Es wird nach optischen Gesichtspunkten gekauft und gepflanzt, bauliche Teile werden nach Augenschein erneuert. Vorher ein Konzept zu erstellen, kann für Gartenbesitzer ungewohnt sein. Wenn man sich die Zeit dafür nimmt, hat dies jedoch den Vorteil, dass man Wünsche in konkrete Bahnen lenken und zusätzliche Erfahrungen gewinnen kann.
Zusammen mit einem Gartenplan (siehe Seite 47) kann ein Konzept zum Rückgrat des Gartens werden, wenn er auf Dauer auch eingehalten wird. Dies erfordert etwas Disziplin. Sich einmal festzulegen heißt auch, allen Versuchungen eines neuen Stils zu widerstehen. Das mag zwar schwierig erscheinen, hat aber den Vorteil, dass eine feste Linie eingehalten wird, die zu einem gelungenen Garten beiträgt. Wie oft sind Gärten mit einem klaren Konzept und einer guten Planung nach der Ausführung um einen wesentlichen Ausdruck gebracht worden, weil nachträglich noch neue Solitärpflanzen oder Bauteile dazukamen, die einen Gestaltungsschwerpunkt völlig aufgelöst haben. Ein Konzept und die Konsequenz in der Umsetzung sind unmittelbar miteinander verbunden, wenn ein ausdrucksvoller Garten entstehen soll.

Gestaltungsprinzipien für den Garten

Einige wesentliche Grundprinzipien der Gartengestaltung, die sowohl für eingewachsene Gärten gelten als auch bei der Umgestaltung angewendet werden können, sind auf den folgenden Seiten zusammengestellt.

Ein Farbkontrast in Gelb und Violett prägt dieses großflächige Staudenbeet, wobei keine Art dominiert.

Einfachheit und Schlichtheit

Damit ist, kurz gesagt, die Ruhe im Garten gemeint, ohne dass dadurch Reize und Kontraste fehlen würden. Ein schönes Beispiel sind die Kiesflächen in einem typischen fernöstlichen Garten, etwa einem Zen-Garten. Die wenigen, gut plazierten, größeren Steine und Einzelpflanzen bringen Spannung in die beruhigende Fläche. Schon ein Hauch zuviel (von beidem!) kann die Wirkung abschwächen. Durch Schlichtheit und ein Maximum an Beschränkung wird ein Optimum an Ruhe und Einfachheit erreicht.
Beziehen wir dieses Prinzip auf einen älteren Hausgarten, könnte man dort mit Gruppen oder Flächen von einheitlichen Pflanzen oft viel mehr Wirkung erzielen als mit einer Mischung besonderer Einzelpflanzen. Zwei Beispiele: Eine Gruppe von Buchsbaumkugeln, an einen Blickpunkt gesetzt, wirkt das ganze Jahr über reizvoll. Inmitten einer Fläche aus blühendem Lavendel oder Storchschnabel zu stehen, ist ein echtes Erlebnis; einzeln wirken die gleichen Pflanzen dagegen weniger attraktiv. Schlichtheit umzusetzen bedeutet auch Mut und Wagnis, denn missglückt die Gestaltung, kann sie auch langweilig wirken.

Harmonie

Harmonie im Garten bedeutet die Ergänzung unterschiedlicher Teile aufgrund von Gemein-

Das Auge wird in diesem Garten auf das Schmuckobjekt gelenkt, das sich kontrastreich aus der Pflanzenvielfalt abhebt.

samkeiten, z. B. von verschiedenen Pflanzenarten und anderen Elementen. Häufig wird dies durch eine harmonische Auswahl der Farben erreicht. Es kann aber ebenso bedeuten, dass der Stil eines Hauses im Garten durch ähnliche Baumaterialien fortgesetzt wird. Gemeinsamkeiten von Form, Material und Pflanzen sowie baulichen Anlagen erzeugen eine harmonische Wirkung, etwa eine runde, gepflasterte Fläche mit einem rundblättrigen Tafelblatt *(Rodgersia)*, oder ein runder Sprudelstein an einer runden Sitzfläche.
Harmonisch wirken außerdem symmetrische Anordungen. Damit etwas harmonisch wirkt, sind auch ausgewogene Proportionen wichtig. Normalerweise hat jeder Mensch ein gewisses Gefühl für Harmonie und meidet oder ändert disharmonische Situationen. Man weiß einfach, das etwas so »nicht stimmt«.

Kontrast und Spannung

Spannung ist das Resultat von kontrastreichen Dingen im Garten, die einen ganz unterschiedlichen Ausdruck besitzen und genau deswegen »ins Auge stechen«. Sie sind das Gegenstück zu Harmonie und Einheitlichkeit. Doch sind Kontraste und Spannungen nur vor dem Hintergrund von Ruhe und Schlichtheit ausdrucksvoll. Kontraste können in Bezug auf Farben, Formen und Strukturen entstehen. Ein gelbbuntblättriger Strauch, etwa der Hartriegel *Cornus alba* 'Spaethii', kommt in einer frei wachsenden Strauchhecke erst dann optimal zur Geltung, wenn er allein inmitten vieler grüner Nachbarn steht. Aber nicht nur einzelne Pflanzen oder Gartenobjekte erzeugen Kontraste, sondern auch ein Wechsel von Gartenstilen, der allerdings sehr überlegt eingesetzt werden muß, damit aus Kontrast nicht Chaos wird.

Überraschung und Akzent

Überraschende Momente hat ein Garten, wenn ein Aspekt im Verborgenen liegt und erst beim Näherkommen enthüllt wird. Die Aufmerksamkeit des Betrachters wird dadurch wach gehalten. Typische Beispiele sind Wegbiegungen, die zunächst nicht einsehbar sind, oder Skulpturen die nur aus einem bestimmten Blickwinkel auftauchen. Mit Überraschungen können gut eingewachsene Gärten neu belebt und kleine Gärten optisch vergrößert werden. Außerdem erzeugt man damit auch eine gewisse Spannung.
Als Akzent kann ein Objekt dienen, das die Aufmerksamkeit auf sich zieht. Das Auge wird unwillkürlich von einem solchen Blickfang angezogen. Grundsätzlich sollten Akzente immer nur sparsam eingesetzt werden.

Rechts: Erst die goldene Kugel setzt den funkelnden Akzent inmitten einer Fläche aus Kieseln und Pflanzen.

Mit Hilfe des »Goldenen Schnitts« findet man im Garten optimale Punkte für einen Blickfang, gleich ob er durch eine Pflanze, eine Skulptur oder ein bauliches Element dargestellt wird.

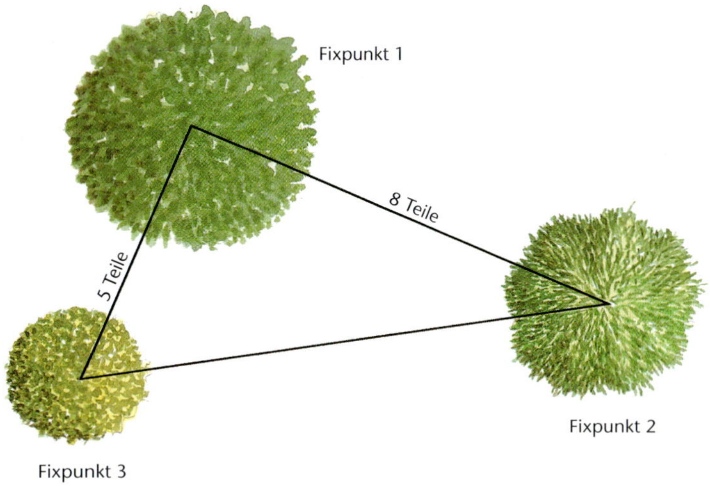

Proportion und »Goldener Schnitt«

Selbst wenn man einzelne Gestaltungsprinzipien anwendet, wird man für jede herausragende Pflanze oder jedes gestalterische Element einen »**richtigen**« **Platz** und z. T. auch die **optimale Größe** suchen. Gartenräume, Einzelpflanzen, Hecken, Pflanzungen und feste Gartenelemente sollten untereinander oder im Verhältnis zum ganzen Garten ein optimales Größenverhältnis haben, damit die Proportionen stimmen. Ist dies der Fall, wirkt ein Garten harmonisch oder angenehm kontrastreich. Dabei bewirkt Symmetrie immer Harmonie, während für Kontraste andere Proportionen günstiger sind.

Eine Möglichkeit, ausgewogene Proportionen zu erhalten, ist die Anwendung des »Goldenen Schnitts«. Dieses Maßverhältnis wurde schon in der Architektur der Antike eingesetzt. Auf Gärten bezogen, kann es auf die Größen-(Höhen-) oder Breitenverhältnisse von Pflanzen bzw. Bauteilen und die Abstände zwischen bestimmten Punkten bezogen werden.

Der »Goldene Schnitt« besagt, dass eine ganz bestimmte Teilung einer Strecke durch einen in ihr liegenden Punkt bewirkt, dass die dadurch entstehenden Teilstrecken in einem harmonischen Verhältnis zueinander stehen. Dieses Verhältnis beträgt ungefähr 5 Teile zu 8 Teilen.

Umgesetzt auf eine Gartenfläche bedeutet dies, im bestehenden Garten einen markanten Punkt, sagen wir einen »Fixpunkt«, festzulegen. Das kann z. B. ein einzeln stehender, schön gewachsener Baum sein, der die anderen in jeder Hinsicht überragt. Diesen Baum gilt es jetzt, auf einer Skizze oder im Gartenplan maßstabsgerecht in der Draufsicht einzuzeichnen.

Von diesem Fixpunkt aus zeichnet man nun zwei Linien im rechten Winkel ein. Die Länge der Linien bestimmt der »Goldene Schnitt«. Sie könnte vereinfacht einmal 8 cm und auf der zweiten Strecke 5 cm betragen. Man kann natürlich auch eine Länge beliebig vorgeben und die zweite Strecke im besagten Verhältnis errechnen. Das wäre in unserem Beispiel vom Fixpunkt aus vielleicht eine Länge von 15 cm, woraus sich für die andere Strecke 9 cm ergibt. Verbindet man die beiden Enden der Linien miteinander, erhält man ein rechtwinkliges Dreieck. Eine Spitze davon ist im genannten Beispiel der auffallende Baum, die anderen beiden Eckpunkte sollten nun mit baulichen, dekorativen oder pflanzlichen Elementen hervorgehoben werden.

Wer Gartenelemente im richtigen Verhältnis zueinander setzen möchte, kann sich an die Regeln des »Goldenen Schnitts« halten.

Unten: Mit dem Verständnis des »Goldenen Schnitts« können auch bauliche und pflanzliche Teile harmonisch aufeinander abgestimmt werden.

Der Farbkontrast wird durch zwei Grundfarben erreicht: in Gelb sind es Kniphofien und Frauenmantel, den roten Kontrast setzen Indianernessel, Phlox und rote Schafgarbe.

auch in gewisser Weise »schwer«, bis hin zu »erdrückend« in ihrer subjektiven Wirkung. Ein Garten voller laubabwerfender Sträucher haben im Winter wiederum etwas so »Leichtes«, dass ihm einige immergrüne Pflanzen etwas mehr Halt geben können.

Die Wirkung von Farben und Strukturen

Farben spielen eine wesentliche Rolle für unser Empfinden. Neben der Hauptfarbe Grün wirken im Garten auch die Farben von Gebäuden, Belägen, Treppen, Gartenmöbeln und Accessoires. Je heller ein Objekt ist, um so leichter wirkt es. Allein die Farbe Grün gibt es bei Pflanzen in so viele Nuancen und Strukturen. Neben großblättrigen Funkien (Hosta) sehen z.B. Akelei und Storchschnabel zart und duftig aus.
Die Vielfalt der Farben und Strukturen und die unzähligen Möglichkeiten ihrer Kombination sind eine Wissenschaft für sich. Dabei gilt es zu bedenken, dass Pflanzen im Winter, beim Austrieb im Frühling, den Sommer über und noch einmal im Herbst ganz unterschiedlich wirken können. Das gilt sowohl einzeln gesehen als auch in der Gemeinschaft mit ihren Nachbarn.
Farben treten bei Pflanzen in Form von Blüten, Blättern, Früchten und als Rinde in Erscheinung. Sie heben sich dabei am besten vor einem grünen Hintergrund ab und bilden Kontraste. Rot stellt z.B. einen Komplementärkontrast zu dem schon vorhandenen Grün dar.

Mit drei Farben können Farbdreiklänge gezaubert werden: Rot-Blau-Gelb oder Grün-Orange-Violett. Sie erzeugen ein intensives Farberlebnis.

Außer Kontrasten sind Farbharmonien ein wichtiges Gestaltungsmittel. Sie bringen etwas Leichtes, Feines und Beruhigendes in den Garten. Farbharmonien, auch Farbverläufe genannt, entstehen, wenn man Farbnuancen ein und derselben Farbe miteinander kombiniert. Eine Farbharmonie im Garten bilden zum Beispiel rote, rosafarbene und violette Tulpen. Die Harmonie wird stets vom Charakter der in ihr enthaltenen Grundfarbe, hier

Rot, dominiert. Ein Pflanzenensemble in Blau-Violett strahlt eine gewisse Kühle und Eleganz aus. Bei Pflanzen wären das Lavendel und Salbei in Begleitung von hellviolett blühenden Rosen. Rot-Orange bewirkt genau das Gegenteil und sollte in der Masse viel sparsamer eingesetzt werden.

Den eigenen Garten kennenlernen

Es ist ähnlich wie mit vielen Dingen im Alltag: Das Wissen allein nützt nichts, sofern man es nicht anwendet. Wie sieht nun in einem alten Garten eine Anwendung der Gestaltungsprinzipien konkret aus? Leider bedeutet es im ersten Schritt noch nicht den Einkauf von schönen Pflanzen und das Einsetzen an einem schönen Frühlingstag. Nein, es fehlt zunächst noch das Zusammenfassen der Beobachtungen, der Örtlichkeiten und der Wünsche der Gartenbesitzer, also des IST-Zustands und des SOLL-Zustands. Eine etwas mühselige Angelegenheit, mag sich manch einer denken. Für Gartenplaner jedoch ein selbstverständlicher Vorgang, denn der »rote Faden« wird dadurch erkennbar und kann mit Hilfe von Gestaltungsmittel und Prinzipien optimal herausgestellt werden.

Der Gartenplan

Die altbewährte Form, einen Garten darzustellen, ist ein Plan, der ihn aus der Vogelperspektive zeigt. Das Grundstück ist meist ohnehin vor dem Bau vermessen worden. Man kann also den Bauplan übernehmen und ihn im Maßstab 1:50 oder 1:100 in mehreren Exemplaren vergrößern. Zumindest sind hier die Grundstücksgrenzen und die meisten Gebäude richtig eingezeichnet. Alles später Dazugekommene wird ergänzt. Sollte kein Plan aufzufinden sein, muss man die Grenzen und Gebäude abmessen und selbst einzeichnen. Damit hat man einen »Rohling«. Man sollte ihn mehrfach kopieren, um später die möglichen Veränderungen auf einer neutralen Vorgabe verzeichnen zu können.

In der ersten Planungsphase werden zunächst alle **festen Bestandteile** eingetragen:

- Befestigte Wege und Flächen
- Feste Elemente wie Teich, Wasserbecken, Sprudelstein, Pergola, Mauern usw.

Dann kommt das **Pflanzeninventar** dazu:

- Abgrenzungen wie Hecken in geschnittener Form oder lockere Strauchhecken
- Bäume einzeln, in maßstabsgerechtem Durchmesser
- Stäucher einzeln oder in Gruppen, je nachdem wie sie angeordnet sind
- Einzelne Akzente wie große, freistehende Stauden oder auffallende Gartenaccessoires
- Stauden, Beetrosen und Kleinsträucher zeichnet man als Flächen ein
- Rasenflächen können unberücksichtigt bleiben.

Wie solch ein Plan in der Praxis aussieht, wie die einzelnen Teile einfach gezeichnet werden können, zeigen die Beispiele Seite 52, 55 und 56. Sie sollen eine Vorstellung davon geben, wie man mit einfachen Mitteln und Symbolen den eigenen Garten auf dem Papier darstellen kann.
Somit ist ein Teil der Gartenbeobachtung abgeschlossen. Es gibt noch eine Alternative zur Erstellung einer Skizze, die für geübte Zeichner geeignet ist. Dazu fotografiert man seinen Garten von verschiedenen Blickpunkten aus gesehen. Am einfachsten ist das im Winter, wenn die Konturen der laubabwerfenden Bäume und Sträucher gut ersichtlich sind. Diese Konturen können mit einem Kreidestift auf den Fotografien oder mit einem dicken Bleistift auf einem aufgelegten Transparent-

Neu angelegte Flächen zeigen noch klar und deutlich die Spuren der Gestaltung und jeder einzelnen Pflanze.

Garteninspektion für einen Garten mit Einfamilienhaus (Beispielgarten)	Garteninspektion für den eigenen Garten
Pflanzen: hohe, unten verkahlte Fichten, Blütensträucher, ein altes Stauden- und Rosenbeet, zwei alte Apfel- und Birnbäume, eine alte Hainbuchenhecke, im Eingangsbereich verwilderte Kleinsträucher und Stauden, Rasen vermoost und verfilzt	**Pflanzen:**
Zustand der Pflanzen/Pflanzungen: Fichten sind sehr hoch, Sträucher blühen wenig, Rosen- und Staudenbeet etwas verwildert, Äpfel blühen und fruchten unregelmäßig, die Birnbäume sind sehr hoch und tragen kaum, Hecke unten kahl, Rasen ist alt und in schlechtem Zustand	**Zustand der Pflanzen/ Pflanzungen:**
Blatt- und Blütenfarben: Hauptsächlich Grün, im Frühling etwas Farbe durch die Sträucher und Obstbaumblüte, im Sommer durch Rosen und Stauden, eine interessante Herbstfärbung fehlt, Vorgarten farblos	**Blatt- und Blütenfarben:**
Bodenart und Bodenfeuchte: leichter Sandboden, besonders trocken unter den Fichten, feuchte Stelle im Vorgarten	**Bodenart und Bodenfeuchte:**
Licht und Schatten: Fichten werfen viel Schatten, bringen aber auch Sichtschutz zum Nachbarn; an der Südseite des Hauses viel Sonne, leichter Schatten von den Obstbäumen, gut im Hochsommer zum Sitzen	**Licht und Schatten:**
Windverhältnisse: Auf der Terrasse zieht es manchmal, sonst eher geschützer Garten	**Windverhältnisse:**
Klima und Wetter: Hügelige Mittelgebirgslandschaft, es regnet häufiger als in der weiteren Umgebung, Vorgarten etwas spätfrostgefährdet	**Klima und Wetter:**
Schöne Gartenteile: Terrasse und dazugehörige Beete gut eingewachsen und in der Blütezeit ansprechend, Vorgarten in der Aufteilung gut, nicht mit der Bepflanzung, Sichtschutz zum Nachbarn durch die lockere Strauch- und Hainbuchenhecke	**Schöne Gartenteile:**
Das gefällt nicht mehr: Fichten sind zu hoch, Bepflanzung Vorgarten, Birnbäume zu hoch und zu wuchtig, das Konzept fehlt im Hauptteil des Gartens, zu viel Grün im Sommer, zu wenig Blüte und Grün im Winter, Sitzplatz zu klein für Liegestühle und wenn Besuch da ist, Licht fehlt an der Terrasse	**Das gefällt nicht mehr:**
Zustand der Gartenbauten: Haus und Garage o. k., Terrasse könnte noch gemütlicher werden, Weg zum Gartenhaus und Kompost könnte befestigt sein, Wasserbecken muss überholt werden; Drahtzaun ist an einer Stelle stark beschädigt	**Zustand der Gartenbauten:**
Charakter der Gebäude: Haus ist 1970 als Bungalow gebaut worden, Fenster sind großformatig und mit dunkelblauen Fensterläden ausgestattet, Fassadenfarbe weiß, Fertiggarage aus Beton mit Flachdach; andere Häuser sind vom Hauptteil aus nicht zu sehen	**Charakter der Gebäude:**
Baustil der Umgebung: Ähnliche Häuser (Bungalows), Siedlung wurde ab 1965 am Rand einer Kleinstadt erbaut	**Baustil der Umgebung:**
Pflanzen in den Nachbargärten: Heidegärten, Ginster, Kiefern und Fichten, verschiedene Stauden und Nadelgehölze	**Pflanzen in den Nachbargärten:**
Geologische Gegebenheiten: hügelige Landschaft, in der Nähe Kiefernwälder, etwas entfernt ein kleines Flusstal	**Geologische Gegebenheiten:**

papier nachgezogen werden, und zwar möglichst grob vereinfacht. Mit dieser Methode erzielt man ein besseres räumliches Vorstellungsvermögen, kann aber selten einen Garten im Ganzen erfassen.

Die Garteninspektion

Ein weiterer Teil der Gartenbeobachtung ist die Auswertung des Fragenkatalogs einer Garteninspektion, wie er beispielhaft für einen konkreten Garten auf der linken Seite vorgestellt wird.

Eine Farbtabelle des eigenen Gartens zusammenstellen

Manchen Gartenbesitzern gefallen bestimmte Pflanzen ihres Gartens ganz besonders. Die Frage, wann und in welcher Farbe sie blühen, ist schon schwieriger zu beantworten. Die Erinnerung an die Schönheit ist vorhanden, doch wer merkt sich schon die Besonderheiten über ein ganzes Jahr hinweg? Als eine Art Merkzettel kann man sich eine kleine Tabelle anlegen, in der die Pflanzen, ihre Blütenzeiten und Blütenfarben übersichtlich zusammengefasst sind. Mit dem Ausfüllen beginnt wieder ein Stück Erfahrung zu wachsen, und man hat plötzlich recht klar vor Augen, wann im eigenen Garten welche Farben im Überfluss vorhanden sind, und wann sie fehlen.

Die Tabelle unten ist zum Erfassen der Blühhöhepunkte vorbereitet. Dort trägt man in jedem Monat die blühenden Bäume, Sträucher, Kletterpflanzen, Stauden und Blumenzwiebeln ein. Es ist übersichtlicher, nicht den ganzen Garten erfassen zu wollen, sondern ihn unter Umständen in Bereiche aufzuteilen, also eine Tabelle für den Vorgarten, eine für den Hauptteil des Gartens, vielleicht je eine für einen größeren Steingarten, die Teichbepflanzung oder die Staudenrabatte vorzusehen. Je vielfältiger ein Garten angelegt ist und je mehr Gartenbereiche vorhanden sind, um so mehr solcher Tabellen kann man erstellen.

Die Wünsche der Bewohner

Mit dem erstellten Gartenplan, der Garteninspektion und den Farbtabellen hat man sich eine gute Grundlage erarbeitet und dabei zugleich seinen Garten ein gutes Stück besser kennengelernt. Ein wichtiger Faktor fehlt nun noch: Die Wünsche der Gartenbewohner. Denn die Frage: »Für wen wird der Garten umgestaltet?« steht für Sie immer an erster Stelle. Für ein älteres Ehepaar soll der Garten vielleicht zum Ort der Ruhe und Erholung werden, eine junge Familie nutzt ihn dagegen vorrangig zum Spielen für die Kinder. Der Beispielgarten (Seite 55 ff.) ist für eine Familie mit fast erwachsenen Kindern vorgesehen. Er stellt ein zweites Wohnzimmer im Grünen dar und soll zum Ruhen, Essen und der Erholung dienen.

Tabelle zum Erfassen von Farben im Garten

Monat / Farbe	Januar/ Februar	März	April	Mai	Juni	Juli	August	September	Oktober	November/Dezember
Weiß										
Gelb										
Orange										
Rot										
usw.										

Damit kommen wir auch gleich zur anschließenden Frage: »Von wem wird der Garten betreut?« Die typische Arbeitsteilung sieht vor, dass eine Person Rasen mäht und sich um den Schnitt der Bäume kümmert, eine zweite die Sträucher, Stauden und andere Zierpflanzen betreut. Die Frage des Unkrautjätens ist ebenfalls ein wichtiger Arbeitsschwerpunkt im Garten. Wenn der Garten kein Hobby ist, sondern bevorzugt als Aufenthaltsort im Freien dienen soll, steht die Pflegeleichtigkeit im Vordergrund.
Die spätere Neugestaltung des grünen Areals ist also besonders vom möglichen Pflegeaufwand abhängig. Teilweise spielen auch die Kosten eine Rolle, die bei einer Umgestaltung selbst und evtl. der nachfolgenden Betreuung anfallen.

Hierzu ein Fragenkatalog, um Ihre persönlichen Gegebenheiten zu klären:

- Wer ist die Hauptperson bei der Betreuung ihres Gartens?
- Wer übernimmt regelmäßig welche Arbeiten?
- Welche Teile des Gartens sind pflegeintensiv, welche pflegeleicht?
- Welche Arbeiten werden gern und welche weniger gern ausgeführt?
- Für wen steht der Garten vor allem zu Verfügung? Wer nutzt ihn am meisten?
- Wozu wird er am häufigsten genutzt?
- Gibt es Jahreszeiten, die im Garten bevorzugt werden?
- Welcher zeitliche und finanzielle Aufwand kann für die Umgestaltung des Gartens erübrigt werden?

Ziele festlegen

Mit einem Gartenplan und einer Liste von guten und weniger guten Eigenschaften des Gartens kommt man der Umgestaltung ein entscheidendes Stück näher. Die jetzige Phase ist wiederum dem Denken und Planen vorbehalten, noch nicht dem konkreten Umsetzen in der Praxis.
Besitzer von älteren, eingewachsenen Gärten stehen immer vor dem Problem, wie weit sie eigentlich bei der Umgestaltung in den bestehenden Charakter des Gartens eingreifen sollen. Häufig ist es so, dass Gärten viel großzügiger von überalterten Pflanzen und Inventar befreit werden, wenn neue Besitzer in Haus und Garten ziehen. Langjährige Garteninhaber sind damit oft vorsichtiger, weil z. B. mit den einzelnen Gartenteilen auch Erinnerungen verbunden sind, die man gerne erhalten haben will.

Wie stark soll der Garten umgestaltet werden?

Wer vor der Aufgabe einer Gartenrenovierung steht, muss die Stärke der Eingriffe aus persönlichen und vielleicht auch finanziellen Erwägungen heraus abwägen. Je nach Intensität kann man drei Möglichkeiten unterscheiden (siehe dazu die Grafiken des **Beispielgartens** Seite 52/53):

▶ Vorsichtiges Verändern

Der Garten bleibt im Großen und Ganzen so erhalten, wie er ist, und wird nur punktuell renoviert. Dazu gehört das Herausnehmen kranker und morscher Bäume, der Rückschnitt oder Ersatz von alten Sträuchern und Hecken, das Erneuern oder Verbessern von kleineren Pflanzflächen. Die bestehende Gestaltung bleibt davon weitgehend unberührt. Einzelne Aspekte können hinzukommen, sie verändern aber den Gesamtcharakter nicht wesentlich.
Diese sanfte Form der Gartenerneuerung bietet sich für ganze Gärten oder auch Teilbereiche an. In dem vorgestellten Beispielgarten (siehe Seite 52 oben) könnte z. B. nur der Vorgarten neu bepflanzt werden. Die Bäume und Gehölze würden stehen bleiben, altes und morsches Holz entfernt und die Obstbäume, die Hecke und die Sträucher verjüngt werden. Auch das bestehende Wasserbecken könnte man renovieren und mit neuer Bepflanzung versehen, sowie den Maschendrahtzaun an bestimmten Stellen erneuern. Dadurch würde sich insgesamt an der räumlichen Gestaltung nichts ändern.
Eine solche Lösung ist dann sinnvoll, wenn Ihnen der Garten, so wie er ist, gefällt und Sie damit zufrieden sind. Das Garteninventar wird dabei begutachtet und entsprechend erneuert oder »in Schuss gebracht«.

► Manches bleibt, manches weicht – Teilbereiche im Garten erneuern

Oft sind es gewisse Teilbereiche, die in einer Gartenanlage erneuert werden sollen. Vorrangig wird man dabei den Nutzen und Zweck überdenken, den der Garten für die Bewohner haben soll. Wichtige Aspekte sind Pflegeleichtigkeit, Änderung des Gartenstils und der Nutzung des Gartens, etwa als Oase der Ruhe und zum Feiern. Hat man sich für eine Richtung entschieden, gilt es, im Garten zu unterscheiden, welche Teile schön und erhaltenswert sind und was besser etwas Neuem Platz machen sollte. Diese Überlegung betrifft sowohl Wege, befestigte Flächen und feste Bestandteile als auch die Bäume, Sträucher, Hecken, Beete und sonstigen Anlagen. In unserem Beispielgarten auf Seite 52 könnten z. B. einige große Gehölze erhalten bleiben, das Wasserbecken in eine neue Bepflanzung eingebettet und ein Sitzplatz unter den Bäumen angelegt werden. Einen Vorschlag für eine solche Umgestaltung zeigen die Grafiken Seite 55.

Checkliste

Geänderte Nutzung in Teilbereichen

- Welche Teilbereiche sollen konkret verändert, z. B. pflegeleichter werden?
- Wie können neu gestaltete Flächen mit dem Bestehenden kombiniert werden?
- Wie aufwändig wird die Umgestaltung in zeitlicher und finanzieller Hinsicht?
- Sollen vorübergehende Möglichkeiten für Sicht- oder Windschutz eingeplant werden?

Veränderungen an den Pflanzen und deren Auswirkungen

- Welche älteren Pflanzen sind erhaltenswert?
- Gibt es Auflagen von Seiten der Städte und Gemeinden für das Entfernen von Bäumen oder für Neupflanzungen?
- Wie kann man alte und neue Pflanzen gut zusammenfügen?
- Wie lange brauchen die neuen Flächen, bis sie eingewachsen sind, oder einzelne Bäume und Sträucher, bis sie die optimale Größe erreicht haben?

Vor der Kulisse alter Gehölze fügen sich der neue Bachlauf und der Sitzplatz harmonisch in das Gesamtbild ein.

► Fast alles von Grund auf neu gestalten

Bei dieser Variante bleiben nur wenige Kernstücke des alten Gartens erhalten, um die herum eine Neuanlage entsteht. Zwei wesentliche Gründe werden hauptsächlich zu solch einer Entscheidung führen: Entweder die verantwortlichen Personen möchten aus dem Garten etwas ganz Neues entstehen lassen, oder der Garten ist so überaltert und eingewachsen, dass dies die einzige Alternative darstellt. Im letzteren Fall stellt sich das schon bald beim Begutachten des Inventars oder bei der konkreten Arbeit heraus; etwa wenn ein viele Meter hohes Fichtenwäldchen rings um ein Haus weichen muss, weil einzelne Exemplare, die stehen bleiben würden, fehl am Platze wirken. Wie eine solch einschneidende Veränderung in dem Beispielgarten aussehen könnte, zeigen die Grafiken Seite 53 und 56.

Wie stark soll umgestaltet werden?

Anhand eines Beispielgartens, wie er links in der Aufsicht zu sehen ist, lassen sich drei unterschiedliche Möglichkeiten der Gartenumgestaltung anschaulich nachvollziehen.

Unten: Geht man behutsam vor, verändert sich an dem Gesamteindruck dieses Gartens sehr wenig. Lediglich zwei Sträucher vor der Fichtengruppe, eine Fichte und ein Teil der Thujenhecke sind an der Grundstücksgrenze entfernt worden, um etwas mehr Licht zu bekommen.
Rechts oben: Optisch leichter wirkt der Garten, wenn man zusätzlich einen Teil der Fichten herausnimmt und den Apfelbaum durch Rückschnitt verjüngt. Der Teilbereich rechts vom Gartenhäuschen kann nun neu gestaltet werden.
Rechts unten: Nimmt man gleich alle Fichten heraus und lässt nur noch den Apfelbaum stehen, hat man die Voraussetzung für eine Neuanlage dieses Gartenteils geschaffen. Auch wenn er zunächst etwas leer wirkt, hat man nun freie Hand, die neuen Pläne zu verwirklichen.

Vorsichtiges Verändern

Teilbereiche erneuern

Von Grund auf neue Gestaltung

Beispielhafte Umgestaltung – eine Lösung mit geschwungenen Formen

Weich und geschwungen kann der Beispielgarten von Seite 52 oben gestaltet werden, nachdem zuvor Platz für eine komplette Neugestaltung geschaffen wurde (siehe Seite 53 unten). Teich, Terrasse und Blumenbeete bilden jetzt eine zusammenhängende Einheit und werden durch farbenfrohe Pflanzungen verbunden. Neu dazugekommen ist im Hintergrund eine etwas tiefer gelegene Sitzmulde, die von interessanten Bäumen, Sträuchern, Stauden und Kletterpflanzen eingerahmt wird.

Viele Farben, Leichtigkeit und Weite bestimmen den neuen Garten. Bauliche Teile, Steinskulpturen und immergrüne Pflanzen geben ihm eine dauerhafte Struktur.

Die dritte, schräge Sichtlinie zieht das Auge von der Terrasse in den hinteren Gartenteil. Hier gibt es keine geraden Formen, sondern eine weiche Linienführung lässt das Auge zu den Fichten, den neu gepflanzten Ziersträuchern und der Skulptur wandern. Die vorhandene Hainbuchenhecke wird zur anderen Seite hin verlängert und bringt so zusätzlichen Sichtschutz und eine neue Raumwirkung.

Lösung mit geschwungenen Formen

Die Grundüberlegung für diese Neugestaltung war der Wunsch nach einem zweiten Sitzplatz und nach mehr Pflanzflächen für Stauden und Rosen – dem neuen Hobby der sich mittlerweile im Ruhestand befindenden Gartenbesitzer. Diese Gestaltungsvariante entspricht einer »von Grund auf neuen Lösung« (siehe Seite 51).

Vor der Umgestaltung wurde der Garten sehr stark ausgedünnt, die Fichten mussten weichen. Danach wirkte dieser Gartenteil zunächst etwas kahl (siehe Seite 53 unten), doch wird ihm durch geschwungene Linien und nur einer wesentlichen Blickrichtung in Richtung des zweiten Sitzplatzes ein ganz neuer Reiz gegeben. Dieser neu dazugekommene Sitzplatz hat zwei Komponenten, die ihn zu einem Ort der Ruhe, der Rückzugsmöglichkeit und des Wohlbefindens machen sollen: eine mit Kletterpflanzen bewachsene Sichtschutzwand sowie einige ausgesuchte Sträucher und Bäume.

Der Sitzplatz selbst liegt an der tiefsten Stelle 50 cm unter dem sonstigen Erdniveau. Der Höhenunterschied wird mit einer Trockenmauer und einem von der Terrasse aus langsam nach unten führenden Geländeverlauf ausgeglichen. Der Sitzplatz ist mit wenigen Möbeln ausgestattet und von der Terrasse am Haus aus sichtbar.

Umgekehrt lenken zwei sich gegenüberliegende Gartenskulpturen den Blick vom Sitzplatz zum Rosenbeet und dem Haus. Dieses Beet wird damit von zwei Seiten zum Anziehungspunkt. Es ist mit Rücksicht auf die geschwungenen Konturen ebenfalls in dieser Weise verändert worden. Zwei Buchsbaumkugeln verleihen dem Beet mehr Schwere. Das Wasserbecken erhält einen passenden Saum aus Gräsern und Stauden. Es ist vor allem von der Hausterrasse aus einzusehen und wirkt jetzt nicht mehr isoliert. Im Gegenteil, ein Weg führt an ihm vorbei bis zur Gar-

An zwei raffiniert geschnittenen Buchsbäumen endet der schwungvolle Gartenweg und macht neugierig auf das, was dahinter noch kommen mag.

tenhütte. Ein anderer Rasenpfad geht auf der anderen Seite hinunter bis zur Sitzmulde. Geschwungene Formen setzen sich im ganzen Garten fort und werden von der Kante bis zur Hecke oder der Grundstücksgrenze mit pflegeleichten Stauden bepflanzt. Damit entfallen ein Stück Rasen und die Arbeit des Rasenmähens. Da er an manchen Stellen sowieso schlecht wachsen würde, hat man eine gute und außerdem blühende Alternative dazu geschaffen.

Die praktische Umsetzung der Pläne – wie geht man vor?

Nachdem die Vorarbeit geleistet wurde – die Entscheidung, was bleiben und was weichen soll, welchen Anteil das alte Garten- und Pflanzeninventars man belässt, entfernt oder verbessert – und man sich ein Konzept für die Umgestaltung erstellt hat, beginnt die Umsetzung der Pläne in die Praxis. Doch nicht alle Hobbygärtner können sich von vornherein ein Bild davon machen, wie die Veränderungen später schließlich aussehen werden. Und selbst wenn Profis am Werk sind, gibt es immer wieder Überraschungen.
Hier helfen **optische Hilfsmittel**, die das räumliche Vorstellungsvermögen im eigenen Garten erleichtern:

- Wege, befestigte Plätze und die Ränder von vorgesehenen Beeten können mit Linien aus Sand oder kohlensaurem Kalk an Ort und Stelle regelrecht nachgezeichnet werden. Wer den Eindruck noch verstärken möchte, kann nicht nur die Linien, sondern auch die innenliegenden Flächen damit ausstreuen.
- In ähnlicher Form kann man auch gespannte Schnüre verwenden.
- Etwas problematischer ist es, neu zu pflanzende Bäume und Sträucher anzudeuten. Um den Durchmesser darzustellen, kann ein Ring aus gestreutem Sand oder Kalk dienen; die Höhe lässt sich dagegen gut durch Stangen (z. B. drei alten Bohnenstangen, die oben zusammengebunden werden) andeuten. Einen ähnlichen Effekt hat auch das Aufstellen eines alten Sonnenschirms.
- Wer vorhat, einen Sichtschutz, einen Zaun oder eine Pergola zu errichten, kann sich mit aufgestellten, losen Brettern, die Höhe des späteren Bauwerks einigermaßen vor Augen führen. Notfalls bittet man Freunde oder Familienmitglieder, sich in den Garten zu stellen und die Bretter oder Stangen zu halten.

Wenn man sich mit den genannten oder ähnlichen Hilfsmitteln das geplante Konzept der Umgestaltung nochmals vor Augen geführt und gegebenenfalls verändert hat, folgt die Umsetzung in die Praxis.
Jetzt ist also der Zeitpunkt gekommen, im Garten Hand anzulegen. Auch dabei ist es sinnvoll, **in einer bestimmten Reihenfolge vorzugehen**. Es ist nicht ratsam, gleich in der nächsten Gärtnerei die ausgewählten Pflanzen für die Umgestaltung einzukaufen und einzusetzen und einige Zeit später dann doch das alte Pflaster nebenan zu verändern, worunter die gerade eingewachsenen, neuen Pflanzen sehr zu leiden hätten.

Folgende Reihenfolge empfiehlt sich bei der Umsetzung des erarbeiteten Planes:

- Alte Pflanzen verjüngen oder entfernen
- Bauliche Veränderungen vornehmen
- Die Qualität des Bodens prüfen und verbessern
- Neue Pflanzen einfügen
- Schmückende Gartenaccessoires als zusätzliche Blickpunkte ergänzen
- Vorübergehende Schönheitsmaßnahmen berücksichtigen

► Alte Pflanzen verjüngen oder entfernen

Im Beispielgarten dieses Kapitels war anhand von Grafiken (siehe Seite 52/53) zu sehen, wie sich ein Garten im Aussehen verändert, wenn ein alter Baumbestand – in diesem Fall alte Fichten – in unterschiedlichem Ausmaß ausgelichtet werden kann. Neben dem Fällen ganzer Bäume gibt es jedoch auch das maßvolle Auslichten, das **alten Bäumen** zu neuem Glanz verhilft. Mehr dazu Seite 77 ff. und 83 ff.

- Erhaltenswerte ältere Exemplare lassen sich durch einen guten, fachmännischen Schnitt meist problemlos auslichten, damit mehr Licht und Luft in die Krone kommen kann, was Austrieb und Blütenansatz fördert (siehe Seite 157 ff.).
- Morsche oder abgestorbene Äste können die Gartenbesitzer auch selbst am Ansatz absägen, vorausgesetzt, die Sicherheitsvorkehrungen wurden ausreichend berücksichtigt. Wie man dabei vorgeht, ist auf Seite 158 gezeigt.
- Fällt die Entscheidung gegen den Erhalt eines Baumes, so sind die verschiedenen Möglichkeiten des Fällens und der Beseitigung des Wurzelstocks zu bedenken (siehe Seite 85). Auch hier sollte eine Fachfima, die sich auf solche Arbeiten spezialisiert hat, zu Rate gezogen werden.

Bei **alten Sträuchern** stehen uns mehr Möglichkeiten als bei Bäumen zur Wahl. Sie können durch entsprechenden Schnitt entweder ausgelichtet, verjüngt oder auch in Form gebracht werden (siehe Seite 157 ff.). All diese Arbeiten sind jedoch wesentlich leichter und einfacher durchzuführen als bei einer großen Baumkrone, und die Verjüngung und Auslichtung kann auch in stärkerem Ausmaß erfolgen.

Auslichten bedeutet, dass alle Äste und Zweige, die sich reiben, kreuzen oder nach innen wachsen, so weit unten wie möglich abgesägt oder abgeschnitten werden. Das äußere Erscheinungsbild ändert sich dadurch nicht. Im Gegenteil, ein Auslichtungsschnitt darf im ersten Moment gar nicht auffallen. Diese Schnittform vertragen die meisten Sträucher am besten, vor allem wenn sie regelmäßig alle zwei bei fünf Jahre wiederholt wird.

Etwa zweimal im Jahr ist es notwendig eine Buchsbaumhecke, vielleicht so fachmännisch wie hier, zu schneiden.

Links: Auch ältere Sträucher sind selbst für den ungeübten Gartenbesitzer mit einer Astschere einfach auszuschneiden.

Verjüngen Verjüngt werden kann eine Vielzahl von älteren Straucharten auch noch im Alter. Der Schnitt regt junge Triebe zum Wachstum an, so dass sich die Pflanze neu aufbaut. »Belohnt« wird der Gartenbesitzer mit einer üppigeren Blüte und besserem Wachstum.

Formschnitt sollte ein Formgehölz von Jugend an erhalten. Manchmal kann ein gerade verjüngter Strauch durch nachfolgenden Formschnitt besonders gut in die gewünschte Form gebracht werden, denn dann ist genügend junger Austrieb vorhanden, der zum Aufbau eines Formgehölzes gebraucht wird.

Entfernen Will ein greiser Strauch nicht mehr recht wachsen und hilft auch ein Schnitt nicht weiter, wird man sich zum Roden entschließen. Dazu beginnt man mit dem Rückschnitt aller Äste und Zweige und gräbt dann den Wurzelstock ringsherum aus. Reicht er zu weit in die Tiefe, gräbt man ihn etwas frei und bindet ein Seil darum, mit dem man ihn dann aus dem Erdreich ziehen kann – eventuell mit Unterstützung durch Motorkraft.

Manche Sträucher, z. B. Essigbaum, Schlehe, Sanddorn, Schneebeere, Ranunkelstrauch, Holunder, Weiden, Wildrosen, Feuerdorn oder Scheinquitte, bringen manchmal selbst nach dem Roden noch **Wurzelausläufer** hervor. Diese muss man sobald wie möglich entfernen – tief abschneiden oder ausreißen.

Kletterpflanzen werden wie Sträucher behandelt.

Stauden machen es uns am einfachsten: Sie werden entweder geteilt, wenn die Blühfreudigkeit nachlässt und/oder sie sich zu stark ausgebreitet haben (siehe Seite 162). Oder man gräbt sie aus und ersetzt sie durch neue.

▶ Bauliche Veränderungen vornehmen

Mit den baulichen Neuerungen beginnt die Hauptarbeit bei der Umgestaltung eines Gartens, noch bevor an neue Pflanzen gedacht wird. Vorhandene Bausubstanz kann dabei zum Teil mitverwendet werden. Ein Beispiel: Alten Wegbelag kann man aufnehmen, lagern und dann mit neuem Unterbau und eventuell zusätzlichem, neuen Bodenbelag wieder verlegen. Das erfordert Zeit, Arbeit und – nicht zu vergessen – eine Abstellfläche. Das Lagern von Baumaterial, egal ob alt oder neu, kann besonders in kleinen Gärten Kopfzerbrechen bereiten. Denn Einfahrten, Garagen usw. sind recht schnell vollgestellt, und so hat mancher Gartenbesitzer seinen Rasen oder Blumenbeete als Abstellfläche nutzen müssen.

➡ Wo gebaut wird, gibt es immer Schmutz und manchmal auch Scherben. Um wichtige Pflanzen zu schützen, sollte man deshalb vor dem Bau eine Verschalung oder sonstige Umhüllung um sie herum anlegen.

Ein zweiter wichtiger Faktor ist die Zeit, die die baulichen Veränderungen beanspruchen. Ein Hobbyhandwerker wird manches im Garten selbst bauen wollen und braucht bei wenig Praxiserfahrung natürlich seine Zeit. Aber auch bei Fachleuten kann eine Umgestaltung mehr Zeit benötigen, als geplant, besonders, wenn mehrere verschiedene Fachbetriebe daran beteiligt sind (z. B. Maurer, Elektriker, Schreiner und Gärtner). Das bedeutet, dass man doch mehrere Monate auf einen dekorativen Garten verzichten muss. Doch die Geduld lohnt sich. Schließlich erhält Ihr Garten danach ein ganz anderes Gesicht, das hoffentlich genau Ihren derzeitigen Wünschen entspricht. Ideen, wie man sich während der »Wartezeit« helfen kann, finden Sie auf Seite 75.
Fassen wir zusammen, welche Elemente für **Baumaßnahmen** bei einer Gartenumgestaltung in Frage kommen können:

- Pflaster und Beläge
- Mauern
- Zäune, Tore und Trennwände
- Einfassungen
- Drainage (falls erforderlich)
- Spaliere und Rankhilfen
- Pergolen, Bögen und Lauben
- Gartengebäude – wie Spielhäuser für Kinder, Pavillons, Garten- oder Gerätehäuser und Gewächshäuser
- Wasser im Garten – vom Wasserhahn bis zu Brunnen, Wasserläufen, Teichen, Wasserbecken oder Schwimmteichen
- Stromanschlüsse – für Licht, Pumpen, Steckdosen usw.
- Beleuchtung
- Ziergegenstände

Nun zu den Punkten im Einzelnen.

Pflaster und Beläge sind eines der wichtigsten Gestaltungselemente des Gartens. Es gibt lose Beläge, etwa Kies, Schotter, Rindenmulch und Holzhäcksel. Sie werden mit einer seitlichen Begrenzung aus Randsteinen oder einer Hecken ausgebracht. Feste Beläge sind solche aus Kunststein – wie Waschbetonplatten, Formsteine aus Beton oder Betonplatten – oder aus Naturstein, wie Sandstein, Granit, Prophyr, Klinker, usw. Daneben werden auch Beläge aus Holz verwendet, sei es als Bretter oder Rundholzscheiben.
Möchte man alte Beläge mit neuen mischen, kann man beide vorher auf einer kleinen Fläche auslegen und sich Muster überlegen, wie beide zusammengestellt werden könnten. Wenn möglich, sollte dies direkt vor Ort geschehen.

Sitzplätze sollten groß genug sein, um mindestens vier Stühle aufzustellen. Wurden sie mit leichtem Gefälle angelegt, kann das Wasser gut abfließen.

Kommen neue Flächen hinzu, weil etwa ein Sitzplatz angelegt wird, kann man diese mit neuem Material pflastern und den Weg dorthin mit altem und dem neuen Belag kombinieren. Dabei ist zu berücksichtigen, dass zu viele Material- und Farbmischungen leicht unruhig wirken können. Zu jedem Garten oder klar abgegrenztem Gartenraum sollten nicht mehr als zwei bis drei verschiedene Materialien als Bodenbelag kombiniert werden. Die Farben und Strukturen dieser ausgesuchten Beläge sollten zu den bereits vorhandenen baulichen Werkstoffen am Haus oder an der Terrasse passen. Ein Weg mit rotem Klinker und hellgrauen Betonplatten passt z. B. gut zu einem typisch norddeutschen Ziegelhaus. Ergänzend könnten hier ziegelrote oder hellgraue Pflanzgefäße oder Mauern dazukommen.

Bewährte Breiten und Maße

Für **Treppen:**

- Bei Treppen rechnet man je nach Nutzung mit folgenden Mindestbreiten: für eine Person 60 cm, für zwei Personen nebeneinander 120 cm, für drei Personen 180 cm.
- Ein Handlauf ist bei Treppen mit weniger als 5 Stufen nicht unbedingt erforderlich.

Für **Wege** sind folgende Breitenmaße erprobt:

- Schmaler Fußweg, gut begehbar für eine Person: 75 cm.
- Wege zu Hauseingängen, begehbar für zwei Personen nebeneinander: mindestens 130 cm.
- Einfahrten brauchen Breiten von 300 cm und mehr, damit man beim Aussteigen nicht gleich in die Pflanzbeete tritt.

Einfache Steinstufen wirken robust und widerstandsfähig, ebenso wie die angrenzende Trockenmauer aus Basaltfindlingen.

Die weißen Kalksteine dieser Trockenmauer heben sich kontrastreich von den Steingartenpflanzen und der Umgebung ab.

Für **Terrassen und Sitzplätze** gilt:

- Terrassen sollten durchschnittlich für vier Stühle und einen Tisch ausgelegt sein; wenn Liegestühle dazukommen, sind sie entsprechend größer zu dimensionieren. Außer den Gartenmöbeln selbst sollten noch ca. 100 cm nach außen dazugerechnet werden, damit später Pflanzen in die Fläche hineinwachsen oder darüberragen können. Ein Mindestmaß für eine Terrasse wären damit etwa 9 m^2.
- Für Sitzplätze gilt die gleiche Berechnungsweise, doch wird hierfür ganz nach Wunsch der Platz für eine Person (also ein Stuhl und ein Tisch) oder für mehrere Menschen gerechnet.

Mauern Eine Mauer kann als Teil einer Einfriedung, als Sockel für einen Zaun oder auch als Schall- oder Sichtschutz im Garten Verwendung finden. Ist sie recht hoch und massiv gebaut, wirkt sie wie eine abschreckende Verteidigung oder strikte Abgrenzung gegen die Umgebung nach außen. Als Verlängerung einer Hauswand, als Stütze für das Erdreich am Hang, in Innenhöfen von Stadtgärten und für die Abschirmung von einzelnen Teilen wie z. B. einer Terrasse wirken Mauern dagegen durchaus zweckgemäß. Kleinere Mauern werden als Sockel für bestimmte Bauten, als Randeinfassung von Terrassen und Sitzplätzen, als Zaunersatz oder zur Hangabstufung angelegt.
Mauern bis zu 100 cm (120 cm) Höhe sind als gemauerte Variante oder als mörtellose **Trockenmauer** auch von Gartenlaien zu errichten. Große Mauern sollten hingegen von Fachleuten gebaut werden.
Als Material wirken Natursteine sehr ansprechend, sind aber wesentlich teurer als Bauten aus Beton. Fundament und Drainage einer Mauer müssen gut durchdacht und fachlich richtig ausgeführt sein, damit sie auch viele Jahre und Jahrzehnte ihren Zweck erfüllt. In den letzten Jahren wurden häufig aus Kostengründen Mauern aus Betonfertigteilen aufgesetzt. Da hier weder ein starkes Fundament noch ein Mauerabschluss erforderlich sind, werden sie von Gartenbesitzern gern verwendet. Leider ist eine spätere Bepflanzung schwierig, und die Betonfertigteile sind auch nach Jahren noch deutlich zu erkennen. Vielfach wirkt dann doch eine einfache Trockenmauer, die mit einem Fundament aus Schotter aufgebaut wird, deutlich schöner. Doch man kann sich bei Betonmauern auch durch daran angebrachte Rankgitter behelfen, die bald berankt sind und die kahle Mauer mit Blüten und Blattwerk verdecken.

Zäune, Tore und Trennwände Sie grenzen zwar ab und bieten Sicht-, Wind- oder Staubschutz, bieten zugleich aber auch Ein- und Durchblicke in den Garten oder in Gartenteile. Vorhandene **Zäune** sollten vom Material und Stil her auf die Umgebung, den Stil des Hauses und die Wirkung, die sie haben sollen, überprüft werden. Je unwichtiger ein Zaun als Sichtbarriere ist, um so niedriger kann er ausfallen.

Sichtschutzwände sollten passend zur Umgebung gewählt sein und mit der Zeit von Pflanzen überwachsen werden.

Manche Gemeinden geben für Gärten Richtlinien bezüglich Höhe und Ausführung eines Zauns vor. Alte Gebäude mit historischen Zäunen können sogar unter Denkmalschutz fallen. Daher sollte man sich vor dem Errichten eines Zauns nach eventuellen Bestimmungen erkundigen.

Zäune gibt es in unendlich vielen Ausführungen. Beton, Natursteine, Holz, Metall und Naturmaterialien stehen zur Wahl. Manchmal sind außerdem geschnittene und frei wachsende Hecken ein guter Ersatz für die einfachen Maschendrahtzäune. **Tore** und Eingangstüren, durch die man einen Garten betritt, sollten auf den Zaun oder die Einfriedung abgestimmt werden. Der Zaun stellt eine Linie, eine Grenze dar, das Tor wird zum Blickpunkt, ähnlich wie es eine Eingangstür am Haus ist. Zaun und Tor sind nicht für Ewigkeiten gebaut; deshalb ist zu bedenken, dass nicht nur die Anschaffung und der Bau Zeit und Geld beanspruchen, sondern auch der Erhalt.
Sichtschutzwände gibt es in reichhaltiger Auswahl in jedem Gartenfachmarkt. Sie sind meist aus Holz gearbeitet und sollten aus Gründen der Haltbarkeit kesseldruckimprägniert sein. Die angebotenen Pfosten sollten dieselben Kriterien erfüllen. Es ist ratsam, alle Holzteile vor dem Aufbau noch einmal gut mit einem Holzschutzmittel zu behandeln, da diese Bauteile meistens aus Weichholz gearbeitet und entsprechend anfällig für Verrottung sind.

Einfassungen Sie sind nicht unbedingt dekorativ, sonders erfüllen eher den Zweck einer Abgrenzung. Mit Kleinpflastersteinen kann z. B. Rasen von Beetflächen oder einem Kiesweg sauber getrennt werden. Flach verlegte Ziegel oder Betonsteine erfüllen denselben Zweck. Die Kantensteine müssen dabei so tief gesetzt sein, dass man mit dem Rasenmäher sauber darübermähen kann. Im Nutzgarten können sie höher verlegt werden, um die Erde vom Wegbelag zu trennen. Früher verwendete man für Einfassungen häufig Betonkantensteine. Heute grenzt man den Rand jedes Wegbelags ab, ob mit unsichtbaren Streifenfundamenten bei Natursteinpflaster oder mit dekorativen Einfassungssteinen in speziellen Mustern. Natürlich kann eine Rasenkante denselben Zweck erfüllen, doch muss sie dafür

Einfassungen aus Holz sind einfach zu verlegen, aber leider nicht von anhaltender Schönheit wie Begrenzungen aus Stein oder Klinker.

regelmäßig mit dem Spaten sauber abgestochen werden.

Drainage In Gärten oder Gartenteilen, die schon immer mit stauender Nässe zu kämpfen hatten, sollte bei einer Umgestaltung an die Beseitigung dieses Problems gedacht werden. Stauende Nässe kann mehrere Ursachen haben: Schwere Tonschichten lassen das Wasser nur sehr langsam einsickern, es entstehen Pfützen. Aber auch Lehmböden, die in früheren Jahren z. B. durch Baufahrzeuge verdichtet wurden, zeigen ähnliche Anzeichen. Es kann auch sein, dass von Vorbesitzern sehr lehmhaltiger Boden als Mutterboden aufgefahren wurde und die Erde dadurch häufig schmierig und feucht ist. Durch Graben kann man die einzelnen Schichten gut erkennen. Bodenfeuchtigkeit kann manchmal auch durch Niveauunebenheiten und tieferliegende, stauende Schichten bedingt sein. In Bodensenken läuft das Wasser dann schlechter ab, oder aus dem Boden tritt an bestimmten Stellen Wasser aus. Hier liegt es nahe, die natürlichen Gegebenheiten zu akzeptieren und zu nutzen, indem man z. B. einen Feuchtbereich anlegt oder das natürliche Wasser als kleinen Bachlauf mit entsprechender Bepflanzung fasst.
Gegen Bodenverdichtung gibt es zwei Ansätze zur Abhilfe. Entweder man lockert und lüftet

Diese solide gebaute Sitzlaube bildet den Abschluss eines Ziergartens und lädt förmlich zum Ausruhen ein.

den Boden mit speziellen Maschinen oder den Wurzeln einjähriger Gründüngungspflanzen (Luzerne, Ölrettich, Bitterlupine, Sommerwicke). Oder man legt eine Drainage an. Dazu sind Entwässerungsleitungen mit Gefälle und einem Ablauf erforderlich, die in einer entsprechenden Bodentiefe verlegt werden.

Spaliere und Rankhilfen Sie sind in erster Linie als Halt für Kletterpflanzen an einer Wand gedacht. Kunstvoll geformte Spaliere, die eine räumliche Wirkung erzeugen können, heißen **Trompe-l'œil**. Die meisten im Handel erhältlichen, vorgefertigten Spaliere sind nicht jahrzehntelang stabil. Gute und maßgeschneiderte Schreinerarbeiten aus Holz oder auch Schlosserarbeiten aus Metall sind bei entsprechenden Anstrichen weitaus haltbarer. Je stärker und schwerer die daran wachsende Kletterpflanze sein wird, um so stabiler muss die Konstruktion ausfallen. Für leichte Spaliere eignen sich Clematis und Geißblatt *(Lonicera)*, solide Stützen brauchen Blauregen *(Wisteria)*, Kiwi, Wein, Kletterrosen und die Trompetenblume *(Campsis)*.

Spaliere in kleinerer Ausführung werden auch auf Mauerkronen und als Trennwand in Gärten verwendet. Größere, freistehende Spaliere setzt man vor allem als dekorative oder funktionale Abgrenzungen ein. Im Unterschied zu einer Pergola sind Spaliere einreihige Konstruktionen.

Pergolen, Bögen und Lauben sind Bauwerke, die durch ihre Höhe eine sehr gute Raumwirkung erzeugen können. Sie stehen in der Regel frei oder in Anlehnung an bestehende Gebäude, Hecken, usw. Pergolen werden gewöhnlich aus Metall, Holz oder Stein errichtet. Da sie eine bleibende Wirkung haben, sollten sie mit dem Stil des Gartens und des Hauses übereinstimmen. Pergolen können den Wohnraum optisch vergrößern oder den Blick auf einen Fixpunkt lenken, der sich an einem oder beiden Enden einer Sichtachse befindet. Je kleiner ein Garten oder ein Garteneil ist, für den eine Pergola geplant ist, desto leichter und kleiner sollte sie ausfallen. Helle Farben und ein zarter Bewuchs geben ihr dann etwas Leichtes. Doch eine Höhe von ca. 250 cm sollte man ihr schon zugestehen und außerdem auf eine passende Verbindung zum Haus oder Garten achten.

Bögen sind Pergolen im Kleinen, die einen Duchgang schaffen. Ideale Plätze für Bögen sind bestehende Übergänge zwischen Gartenteilen, wie Vor- und Hauptgarten, Gemüse- und Ziergarten sowie innerhalb des Vorgartens (zwischen Straße und Haus). Die Konstruktionen sind ebenfalls aus Holz, Metall oder Stein möglich. Auch eine Hecke kann mit den Jahren zu einem Bogen geformt werden.

Lauben sind kleine Gartenhäuser, die einen Ort der Ruhe darstellen. Sie sind in etwas größeren Gärten gut aufgehoben, bei denen am Rand ein solcher, aus Spalieren gefertigter Gartensitzplatz eingeplant werden kann. Nur dann wirken Lauben auch entsprechend. Sie brauchen ein gutes Fundament, haben oft drei- bis achteckige oder runde Grundflächen und ein geschlossenes Dach. Auch hier ist Holz das beliebteste Baumaterial, es gibt sie aber auch aus Metall und Kombinationen aus beiden.

Gartengebäude sind Häuser in kleinem Format, die aus einfachem Holz bis hin zu solidem Mauerwerk errichtet werden können. Oft bestimmt ihre Funktion das Aussehen und ihren Platz im Garten. Spielhäuser werden in der Nähe des Spielplatzes, Gerätehäuser entweder versteckt in einem Gartenwinkel oder in der Nähe des Hauses platziert. Gewächshäuser brauchen viel Licht und Sonne, und Pavillons wirken etwas abseits des Hauses recht gut. Diese schönen Bauten sollten vom Sitzplatz aus sichtbar sein.

Bei Gartengebäuden ist zum Teil eine Baugenehmigung und außerdem unbedingt fachliche Kompetenz erforderlich. Denken Sie auch an die Wasser- und Stromanschlüsse!

Wasser im Garten Jede Form von Wasser gibt dem Garten einen besonderen Reiz. In jedem Garten kann Wasser in irgendeiner Form eingeplant werden. Bewegtes Wasser ist etwas für Auge und Ohr, die Palette reicht hier vom kleinen Sprudelstein bis hin zu Springbrunnen oder Bachläufen mit Wasserstufen. Stilles Wasser im Teich und in Becken lädt zum Ausruhen und Betrachten ein. Schwimmteiche sind große Gartenteiche, die aus einem zentralen, pflanzenfreien Badebereich und einer umgebenden Stillwasserzone mit reichlich Bewuchs bestehen. Je größer das Projekt wird, desto mehr an Erdbewegungen, handwerklichen Arbeiten und Technik ist erforderlich.

Sprudelndes Wasser ist eine willkommene Abwechslung und ein beliebter Höhepunkt in jedem Garten.

Ein praktischer Hinweis für Gartenfreunde: Man sollte nicht vergessen, genug Wasserhähne, evtl. auch Wasserleitungen im Außenbereich zur Verfügung zu haben. Das erleichtert die Gießarbeiten und kann später für eine automatische Bewässerung von Vorteil sein. Die Installation ist am besten vor der Anlage anderer Bauteile durchzuführen.

Stromanschlüsse Die Stromleitungen für Steckdosen, Pumpen und Lichtanschlüsse müssen bereits vor den anderen Bauarbeiten geplant und verlegt werden. Im günstigsten Falle erledigt dies ein Elektriker.

Beleuchtung Auch sie ist am besten schon in der Planungsphase eines neu zu gestaltenden Gartens zu berücksichtigen. Dabei steht der Laie oft vor dem Problem, dass er die spätere Wirkung der Beleuchtung nicht absehen kann. Ob direktes oder indirektes Licht passt, ein Strahler von unten oder eher eine Laterne von oben, kann ein Beleuchtungsfachmann besser beurteilen. Wer also mehrere Lichtquellen installieren will, sollte zumindest vorher

Plastiken kommen durch einen Rahmen oder die auflockernde Wirkung von Pflanzen besser zur Geltung.

die zu beleuchtenden Objekte einmal mit der Taschenlampe probeweise anleuchten und sich den Effekt vom späteren Aufenthaltsort aus (Terrasse, Sitzplatz, Wohnzimmer, Haustür, Gartentor usw.) ansehen.

Ziergegenstände Pflanzgefäße aus glasiertem Ton, unglasierte Töpfergefäße, Holzfässer, Körbe, Betongefäße und Teile aus Holz können Teilbereiche im Garten stark aufwerten. Manchmal sind sie so eigenwillig, dass sie auch ohne Pflanzen eine starke Wirkung ausüben. Bei den Gefäßen ist die Frostsicherheit entscheidend. Ist sie nicht gewährleistet, muss auch eine Unterbringung im Haus, in der Garage oder einem Schuppen im Voraus eingeplant werden. Wenn sie draußen gelagert werden, sollten sie zumindest leer oder mit wenig Erde aufgestellt sein. Bis auf Holzgefäße brauchen sie kaum Pflege. Nur der Transport vom Winterlager zum endgültigen Standort kann Gewichtsprobleme bereiten. Daran ist schon beim Aufstellen zu denken.
Gartenskulpturen und Ziergegenstände sind meist für den dauerhaften Aufenthalt im Freien gedacht. Je größer und ausdrucksstärker ein solches Objekt ist, desto besser sollte es auf den Garten abgestimmt werden. Es stellt kein isoliertes Detail dar, sondern eine starke Akzentuierung dessen, was schon im Garten vorhanden ist. Die Pflege beschränkt sich auf ein äußerliches Säubern oder den Rückschnitt von Pflanzen, die sie möglicherweise zuwachsen. Bei schweren Objekten kann ein gemauerter Sockel erforderlich werden.

Die **Reihenfolge der Arbeiten** für die Baumaßnahmen an diesen einzelnen Elementen geht »von unten nach oben«. Zuerst erfolgen also die Erdbewegungen, dann das Verlegen der Leitungen in der Erde (Strom, Wasser, Drainage), danach das Pflastern, die Beläge, Treppen und Einfassungen. Zuletzt werden die Arbeiten an Mauern, Zäunen, Toren, Spalieren, Pergolen, Rankgerüsten usw. durchgeführt.

► Die Qualität des Bodens prüfen und verbessern

Der Boden ist die Lebensgrundlage allen Wachstums. Er besteht aus dem Unterboden, der in den tieferen Schichten bis zum Gestein reicht. Darauf liegt der Oberboden, den wir meist an der dunkleren Farbe erkennen. Der Oberboden oder Mutterboden ist unterschiedlich mächtig. Eine Schicht von 20–30 cm ist für das Wachstum der Pflanzen und das Bodenleben günstig.
Im ganzen Komplex Boden finden ständig Umsetzungsprozesse statt. In der luftführenden oberen Schicht, dem Humus, befinden sich die meisten Kleinlebewesen. Sie zersetzen die abgestorbenen Pflanzenteile und wandeln sie in Nährstoffe um, die von den Wurzeln aufgenommen werden können. Hinzu kommen die Mineralien, die aus dem verwitterten Gestein frei werden.
Damit ist die Grundversorgung mit Nährstoffen für genügsame Pflanzen wie heimische Sträucher, Stauden und viele Kräuter abgedeckt. Anspruchsvollere oder spezialisierte Pflanzengruppen brauchen häufig mehr bzw. zusätzliche Nährstoffe, um üppiges Wachstum und entsprechenden Blütenflor bzw. Ertrag zu zeigen, wie z. B. Rosen, viele Gemüsearten und Beetstauden. Statt Kunstdünger helfen hier auch Kompostgaben. Bei Moorbeetpflanzen, wie Rhododendren und Azaleen, trägt eine kalkfreie Düngung auch zur Versauerung des Bodens bei, was ihren Ansprüchen entgegenkommt.

Bodenuntersuchung In einem älteren Hausgarten ist der Boden seit vielen Jahren eingewachsen und vielleicht auf Grund hoher Nährstoffbedürfnisse etwas ausgelaugt. Dies

sieht man ihm aufgrund seiner Struktur nicht unbedingt an. Deshalb empfiehlt es sich, den Gehalt der einzelnen Nährstoffe durch eine Bodenuntersuchung (Adressen siehe Seite 163) feststellen zu lassen. Diesen Test sollte man jeweils für einen Teilbereich des Gartens getrennt durchführen, um wirklich ein aussagekräftiges Ergebnis zu erhalten. In dem Beispielgarten von Seite 52 könnten der Vorgarten, die Rosen- und Staudenbeete und der Boden der Fichtengruppe näher untersucht werden. Pro Fläche sind mehrere Einstiche mit einer Pflanzschaufel oder einem Spaten auszuführen. Die erhaltene Erde wird in einem Eimer gut gemischt, und nur ein kleines Glas davon zur Untersuchung eingeschickt. Manche Institute, die Bodenuntersuchungen durchführen, geben beim Ergebnis gleich an, ob und wieviel auf den jeweiligen Parzellen gedüngt werden sollte. Manchmal erscheinen mir die Angaben etwas hoch; ich empfehle dann, die Hälfte davon auszubringen. Neupflanzungen und stark zehrende Arten vertragen etwas mehr an Nährstoffen, eingewachsene Beete und Anlagen tendenziell eher weniger.

Bodenarten Die Nährstoffe im Boden sind nicht so leicht aufzuschlüsseln, doch welche Bodenart in dem eigenen Garten vorliegt, ist wesentlich einfacher festzustellen.

Links: In lockerer und feinkrümeliger Erde zu arbeiten ist ein Genuß für uns Gärtner – und Pflanzen lieben solche Böden noch viel mehr.

Leichte Böden
(Sand- oder leichte Lehmböden)
Hat man einen solchen Boden im Garten, ist es unmöglich, aus einer Hand voll Erde eine Kugel zu formen. Die Erde rieselt einfach durch die Finger. Der leichte Boden enthält viele grobkörnige Sandanteile und wenige bindige Tonteilchen. Er hat folgende Eigenschaften: Er erwärmt sich im Frühling schnell, ist das ganze Jahr über gut zu bearbeiten, hält aber Wasser und Nährstoffe weniger gut. Leichte Böden können durch die regelmäßige Zugabe von Lehm, Tonmehlen (Bentonit) und bindigem Kompost verbessert werden. Gegen das schnelle Austrocknen hilft **Mulchen**, also das Abdecken der oberen Bodenschicht mit verrottbarem Material (Rindenmulch, Holzhäcksel, Grasschnitt).

Mittelschwere Böden (Lehmböden)
kommen im Durchschnitt am häufigsten in unseren Hausgärten vor. Sicheres Erkennungszeichen ist: Aus einer Hand voll Erde kann man mühelos eine Kugel formen. Wenn man diese zu einer Wurst rollen möchte, bricht die Erde in kleine Klumpen auseinander. Nimmt man etwas Boden zwischen die Finger und zerreibt ihn, bleiben in den Fingerrillen feine Ton- und Schluffpartikel hängen. Lehmböden setzen sich aus Sand, Ton und sogenannten Schluffteilchen zusammen. Diese Böden erwärmen sich langsamer als leichte Böden, halten dafür aber besser Wasser

Nur mit einer Bodenuntersuchung wird offensichtlich, was im Boden an Nährstoffen vorhanden ist.

und Nährstoffe. Bearbeitet werden sie am besten in abgetrocknetem Zustand. Verbessern kann man sie durch die Zugabe von Kompost. Schön locker bleiben sie mit einer Mulchschicht.

Schwere Böden (Tonböden)
Sie fühlen sich in der Hand schmierig, seifig oder klebrig an. Das Formen zu einer Kugel oder Wurst gelingt mühelos. Diese Bindigkeit kommt von einem hohen Tonanteil. Der Vorteil dieser Bodenart ist die gute Speicherung von Wasser und Nährstoffen. Nachteilig sind die schwierige Bearbeitung und die Wartezeit, bis ein solcher Boden so weit abgetrocknet ist, dass man ihn hacken, graben oder einebnen kann. Daher hat er auch den Namen »**Minutenboden**« bekommen. Schwere Böden können durch die regelmäßige Zugabe von Sand, strohhaltigem Kompost und kohlensaurem Kalk verbessert werden.

Bodenverbesserung Die Bodenart und die vorhandenen Nährstoffe bilden für die vorhandenen und vielleicht neu dazu kommenden Pflanzen die Grundlage für gesundes und kräftiges Wachstum. Allzu oft vergessen wir den Faktor Boden, wenn Pflanzen nicht so richtig wachsen wollen.
Wird ein Garten erneuert, ist es ratsam, auch dem Boden eine »Kur« zu gönnen. Je nach Ausgangslage bieten sich dazu verschiedene Möglichkeiten an:

Fruchtbarkeit und Wachstum beziehen wir aus einem guten Boden, den man immer wieder mit verrottetem Kompost verbessern kann.

- Gartenteile, in denen alte Bäume, Sträucher oder Stauden entfernt wurden, liegen oft einige Zeit brach, bis es zur Neupflanzung kommt. Um auflaufende Wildkräuter einzudämmen, sollte man die Fläche entweder mit einer Mulchschicht bedecken oder kurzlebige Pflanzen einsäen. Solche »**Gründüngungspflanzen**« wachsen in der Regel recht schnell nach der Aussaat, bedecken die Erde und haben noch interessante Nebeneffekte. Manche Schmetterlingsblütler können Luftstickstoff binden und in ihren Wurzeln als Nährstoff anreichern. Dazu gehören: Sommerwicke, Inkarnatklee, Luzerne, Platterbse, Serradella. Hat man einen mittelschweren oder schweren Boden, kann **tiefwurzelnder Gründünger** ausgesät werden: Bitterlupine, Senf, Luzerne, Ölrettich. Andere Arten wachsen besonders schnell, z. B. *Phacelia* (Bienenfreund), einjährige Sonnenblumen, Spinat und Kapuzinerkresse.
Alle Arten von Gründüngern reichern den Boden mit organischer Substanz an, was die Fruchtbarkeit fördert. Ausgesät wird ab Anfang Mai bis etwa August. Nach der Blüte können die oberirdischen Teile abgeschnitten und eingearbeitet oder als Mulchdecke liegen gelassen werden. Über den Winter frieren die vorgestellten Arten ab. Also kann man mit Gründünger bewachsene Gartenstellen ruhig etwas aus den Augen verlieren, bis es zu einer Neubepflanzung kommt.

Kommt es durch Bauarbeiten im Garten dazu, dass Mutterboden abgetragen und gelagert werden muss, dann ist dort die Einsaat mit Gründünger eine gute »Bodenkur«, die den Erdhügel sogar unkrautfrei halt.

- Sind alle Bauarbeiten abgeschlossen, kann man die **neuen Pflanzflächen** im Frühling oder Herbst **anlegen**. Wer dies im Frühling vorhat, kann im Winter vorher zu Spaten oder Grabgabel greifen und die Erde spatentief lockern (bei leichten Böden) oder umgraben (wenn es sich um schwere Böden handelt). Der Frost ist ein guter Helfer für einen feinkrümeligen Boden. Bei Herbstpflanzungen sollte der Boden natürlich ebenfalls locker sein.
Bei größeren Flächen wird man eher zu Maschinen greifen, wobei ein Pflügen im Herbst immer noch dem Fräsen im Frühling

In früheren Zeiten hat man die Erde zwei Spaten tief umgesetzt (»Rigolen«). Bei Rosenpflanzungen macht man es zum Teil heute noch so.

vorzuziehen ist. Gefräste Erde ist zwar wunderbar leicht beim Pflanzen, sackt aber schnell in sich zusammen und kann oberflächlich verkrusten.

- **Düngen** wird man nur im Frühling, nicht mehr im Herbst. Auf jeden Fall kann der Boden mit gutem, verrottetem Kompost oder Mist angereichert werden. Diese Naturdünger werden von den Bodenlebewesen noch weiter verarbeitet und fördern damit die Bodenfruchtbarkeit.
- In eingewachsenen Flächen, wo nur eine oder mehrere Einzelpflanzen zu ergänzen sind, genügt es, nur das Pflanzloch zu lockern und mit humusreicher Erde zu versorgen.

Unkräuter entfernen Noch ein paar Worte zu verunkrauteten Flächen im Garten. Manche Wildkräuter lassen sich aufgrund ihrer unterirdischen Ausläufern sehr schlecht entfernen. Dazu zählen etwa Giersch und Kratzdisteln. Abgesehen von Unkrautvernichtungmitteln (die in eingewachsenen Flächen nur mit großer Vorsicht zu verwenden sind) bleibt hier nur das mühsame Ausgraben. Doch dazu noch ein anderer Tipp. Bedecken Sie die verunkrautete Fläche für einige Wochen mit einer Lage Pappkarton, die bei Regen recht schwer wird und so in der Regel gut liegen bleibt. Mit der Zeit kommen auch hier wieder die unliebsamen Pflänzchen hervor. Dann wird wieder eine Lage Pappkarton darauf gelegt. Damit werden die wilden Kräuter mit der Zeit geschwächt. Nach etwa einem halben Jahr (in der Vegetationszeit) entdeckt man nach dem Entfernen der Pappe nur noch einige Wurzelreste, die ganz leicht aus dem lockeren Erdreich gezogen werden können. Pappe mag zwar optisch nicht so ansprechend sein, man kann sie aber mit Kübelpflanzen oder dekorativen Accessoires verdecken. Als Ersatz für Pappe eignet sich auch eine dickere, schwarze Folie, die von starkem Wildkrautbewuchs sogar in die Höhe gehoben wird. Doch die warmen Temperaturen, die darunter entstehen, bringen jeden Wildwuchs zum Erliegen. Wer Maulwürfe oder Wühlmäuse in seiner Umgebung hat, sollte auf diese Methode verzichten, dann sie fühlen sich unter der feuchten Pappe oder Folie sehr wohl.

Pflanzen mit gut durchwurzelten Ballen, wie dieser Rosenhochstamm, wachsen in der Regel immer problemlos an.

Neue Pflanzen einfügen

Jetzt ist endlich der Zeitpunkt gekommen, in einem Gartencenter, einer Baumschule oder Staudengärtnerei alle Pflanzenschönheiten zu kaufen und anschließend in den Garten einzusetzen. Obwohl es verlockend ist, mit einem Wagen voller wunderbarer Pflanzen nach Hause zu kommen, sollten die Garten- und PflanzenliebhaberInnen doch zuerst überlegen, was genau an die leeren Stellen passen könnte. Dabei ist grundsätzlich zunächst der Standort, also die Boden-, Licht- und Klimaverhältnisse, zu berücksichtigen. Obwohl der Anblick schöner Einzelpflanzen verführerisch ist, sollte er nicht zu einem Spontankauf verleiten – die Enttäuschung, weil die Pflanze am gewählten Platz nicht wächst oder sich nicht in die Pflanzung einfügt, wäre groß.

Pflanzungen ergänzen Sind in einem Garten eingewachsene Exemplare mit einzelnen Pflanzen zu ergänzen, dann richtet man sich nach dem, was schon vorhanden ist. Ist z. B. in einer Strauchhecke Platz geworden, kann mit einem oder mehreren Sträuchern aufgefüllt werden, die zu einer anderen Zeit als die bereits vorhandenen blühen. Oder man ergänzt die bestehenden Arten mit Immergrünen, damit die Strauchgruppe dichter wird und im Winter etwas Grünes das Bild belebt.
Ein anderer Ansatz ist es, vorhandene schöne **Zusammenstellungen mit gleichen** oder ähnlichen **Pflanzen** aufzuwerten. Bleibt etwa nach einer Gartenrenovierung ein einzelner Baum oder Strauch übrig, kann man dieselbe

Aufbau von Pflanzungen

Symmetrisch angeordnete Pflanzung

Rechts: Beidseitig der Vogeltränke sind hier gepflanzt:
1 Hochstammrose 'The Fairy',
2 Buchsbaumkugeln,
3 Lavendel,
4 Schillergras *(Koeleria glauca)*,
5 Lampenputzergras,
6 Zwergthymian in Weiß und Violett,
7 Polsternelke.

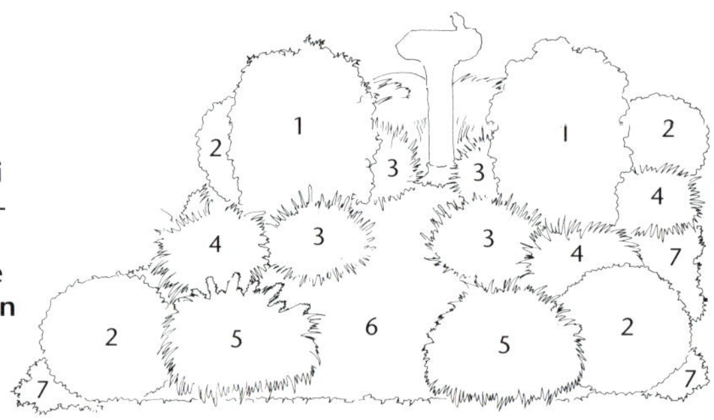

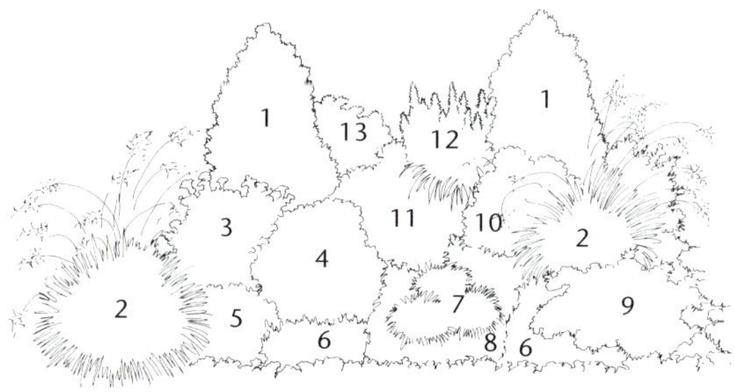

Unten: Symmetrisch stehen hier zwei Scheinzypressen 'Boulevard' (1). Alle anderen Arten sind locker verteilt:
2 Blaustrahlhafer, 3 Goldgarbe, 4 Sonnenbraut,
5 Storchschnabel *(Geranium endressii)*, 6 Ehrenpreis *(Veronica spicata)*,
7 Blauschwingel, 8 Storchschnabel *(Geranium cinereum)*, 9 Rose 'Swany',
10 Nachtkerze, 11 Storchschnabel *(Geranium x magnificum)*,
12 Fackellilie *(Kniphofia)*,
13 Sonnenauge *(Heliopsis)*.

Symmetrisch angeordnete Leitpflanzen

Pflanze dazusetzen, so dass eine Gruppe entsteht. Eine Gruppe kann aus zwei oder mehreren gleichen Teilen bestehen oder aus ähnlichen Elementen, die sich nur durch Farbe, Form oder Material unterscheiden. Ein Beispiel: Zu einer grünen Buchsbaumkugel passen Buchsbäume, die kegelförmig geschnitten sind, gelb-buntblättrige Arten oder sogar ein bauchiges Pflanzgefäß.

Bei allen Ergänzungen ist der vorhandene Stil der direkten Umgebung von großer Bedeutung, damit sich die Pflanzen harmonisch in das Gesamtbild einfügen. Außerdem sollte man vorher prüfen, ob an der geplanten Stelle der Boden nicht zu stark eingewachsen ist und damit eine Ergänzung unmöglich wird.

Ganze Flächen neu bepflanzen In diesem Fall bestimmt das Neue den Garten oder den Teilbereich. Die vorhandenen Pflanzen werden in das neue Bild eingefügt. Neuanlagen können erforderlich sein, wenn alte Pflanzen in größerem Rahmen weichen mussten oder eine bisherige Fläche umfunktioniert wird. Die Pflanzung, die dazukommt, soll sich in das Gesamtbild des Gartens einfügen und kann doch als einzelner Puzzlestein geplant werden.

So wie der ganze Garten durch eine Garteninspektion (siehe Seite 47) und eine Tabelle zum Erfassen der Farben und Blühhöhepunkte (siehe Seite 49) besser wahrgenommen und dementsprechend geplant werden kann, können diese Hilfsmittel auch auf einzelne Beete und Pflanzflächen übertragen werden. Man weiß damit, welcher Boden, welche Licht- und Wasserverhältnisse an dieser Stelle vorhanden sind und was für diesen Platz an Wünschen und Ideen vorliegt.

Asymmetrisch angeordnete Pflanzung

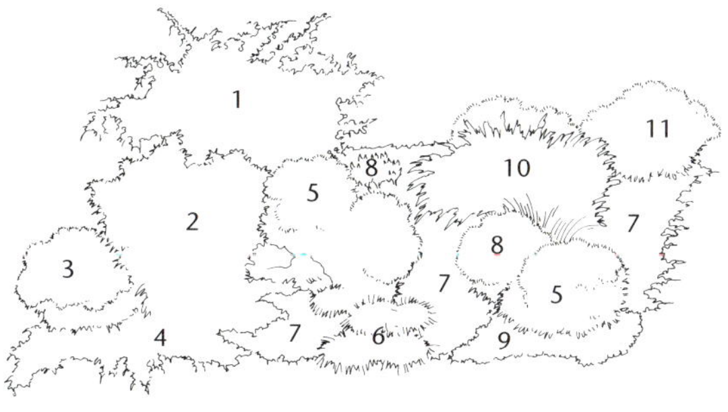

Diese locker aufgebaut Pflanzung besteht aus: 1 Wildglattaster *(Aster laevis)*, 2 Sonnenhut (*Rudbeckia fulgida* var. *sullivantii* 'Goldsturm'), 3 Kissenaster *(Aster dumosus* 'Mittelmeer'), 4 Glockenblume *(Campanula garganica)*, 5 Kissenaster (*Aster dumosus* 'Schneekissen') 6 Blauschwingel, 7 Zwergthymian, 8 Safrankrokus *(Crocus sativus)*, 9 Fetthenne *(Sedum cauticolum)*, 10 Wimperperlgras *(Melica ciliata)*, 11 Mädchenauge *(Coreopsis grandiflora)*.

Genau die richtige Größe hat diese Figur unter dem Rosenbogen. Später wird man sie sogar regelmäßig etwas freischneiden müssen.

mulch aufzutragen, ist es günstig, dies erst etwa ein Jahr nach der Pflanzung zu tun. Der Mulch entzieht dem Boden Stickstoff, den wiederum die neu gesetzten Pflanzen zum Anwachsen brauchen. Eine dünne Schicht Rasenschnitt ist dagegen unbedenklich. Pflanzt man im Herbst, hilft ein Winterschutz mit Fichtenreisig empfindlichen Arten und Immergrünen gut über den Winter.

► Schmückende Gartenaccessoires als zusätzliche Blickpunkte ergänzen

Schmuckstücke können den Garten zusätzlich aufwerten. Das beginnt bei den vielen im Handel erhältlichen Gartengefäßen und Pflanzkübeln und endet bei künstlerischen Objekten, wie Skulpturen und Plastiken. In jedem Fall sollten diese Accessoires nicht einfach wahllos nach dem Zufallsprinzip im Garten verteilt werden, sondern sich im Stil der Umgebung anpassen und an ihrem Platz auch eine bestimmte Wirkung entfalten können. Pflanzkübel und Gefäße aller Art wirken oft sehr eindrucksvoll, wenn man sie aus dem gleichen Material, aber in Gruppen unterschiedlicher Größe einsetzt. Das können Terrakotten, Holzkübel, alte Fässer, Körbe oder selbst Kunststoffgefäße sein.
Je bunter und auffallender die Gefäße selbst sind, desto zurückhaltender kann die Bepflanzung gewählt werden. Es genügt schon, rote Tongefäße mit gelben oder weißen Sommerblumen einheitlich zu bepflanzen und vor eine Holzwand zu stellen. Bereits mit zwei oder drei davon erzielt man einen schönen Effekt, besonders dort, wo sonst die Farbe Grün vorherrscht, z. B. in einem schattigen Innenhof oder vor großen Nadelbäumen.
Die meisten Pflanzgefäße sind gut zu transportieren und können versuchsweise in verschiedenen Gartenräumen platziert werden. Dann ist auch schnell zu erkennen, ob die Gefäße zu klein oder zu groß wirken. Sehr auffallende Einzelgefäße wirken übrigens auch wunderschön ohne Bepflanzung. Grundsätzlich erzielt man mit einem großen, wuchtigen Einzelteil mehr Effekt als mit mehreren kleineren.
Skulpturen können im Garten von Anfang an eingeplant oder später eingefügt werden. Eine symmetrische Gestaltung und Blickachsen sind geeignete Voraussetzungen, um größere Kunstwerke aufstellen zu können. Der Blick

fällt dann zwangsläufig auf das Objekt. Hier ist es besonders wichtig, Größe und Wirkung genau zu bedenken. In einem eher naturnahen Garten wird z. B. eine weiße Marmorstatue fehl am Platz wirken, hierfür wäre eher eine Holzskulptur geeignet. Ein anderer möglicher Platz für eine Skulptur ist eine Stelle, die nur von einer bestimmten Richtung einsehbar ist oder die im Vorbeigehen gesehen wird. Dort wirkt ein solches Element dann als Überraschung.
Wenige, gut gewählte und platzierte Accessoires bringen mehr an Wirkung als viele verstreute. Es geht nicht um eine Sammlung, sondern um Gestaltung. Ist aber umgekehrt das Sammeln ein beabsichtigter Faktor, dann wäre es sinnvoll, die Sammlerobjekte in einer Reihe oder Gruppe anzuordnen und ihnen die Pflanzen unterzuordnen bzw. anzugleichen.

► Vorübergehende Schönheitsmaßnahmen berücksichtigen

Wenn alte Pflanzen weichen müssen, die neuen aber noch nicht die entsprechende Größe haben, dann bleiben Lücken nach einer Gartenrenovierung. Es fehlen noch einige Jahre, bis der Sicht- und Lärmschutz sowie Harmonie wieder vorhanden sind. Für einen gewissen Zeitraum bieten sich deshalb vorübergehende Schönheitsmaßnahmen an. Sichtschutzwände, Flechtzäune und einfache Holzkonstruktionen wie einreihige Spaliere sind dafür gut geeignet. Man stellt sie dort auf, wo vorher eine Hecke oder Bäume die Abgrenzung bildeten. Ist die Abschirmung nicht ausreichend, muss man die Konstruktion näher zum Haus oder zum Sitzplatz verlegen, damit Schatten oder Sichtschutz gegeben ist. Bepflanzt man die Teile mit immergrünen oder schnell wachsenden Kletterpflanzen, hat man relativ schnell eine zweite Hecke gezaubert. Wenn die neu gepflanzte und eigentliche Hecke nachgewachsen ist, kann die provisorische Abschirmung entfernt werden.
Es gibt auch den Fall, dass in entsprechend großen Gärten einzelne Bäume später einmal eine beherrschende Rolle einnehmen sollen, am Anfang jedoch noch sehr klein sind und kaum auffallen. Hier kann man in die Nähe dieser späteren Leitpflanze eine schnellwüchsige setzen, die kurzlebiger ist und vorübergehend die Größenwirkung erzielt, bis die eigentliche Pflanze nachgewachsen ist. Ein Beispiel: Eine rotblättrige Hängebuche soll am Rand einer größeren Rasenfläche einen dominierenden Platz einnehmen. Gepflanzt wird sie als kleiner Baum mit einer Höhe von 150 cm. Sie braucht etwa 10 Jahre, um sich etwas entfaltet zu haben. In dieser Zeit kann in entsprechendem Abstand eine kurzlebige Eberesche oder ein mit Kletterpflanzen bewachsenes, pyramidenförmiges Spalier den Blick auf sich ziehen. Ist der Baum nachgewachsen, überwächst er den Vorreiter optisch und in der Größe.

Zwischen Forsythien und gerade austreibenden Strauchrosen kann man den Platz mit einer Fülle von Blumenzwiebeln optimal nutzen.

➡ Bei neu gepflanzten Staudenbeeten füllen sich die leeren Zwischenräume zwei bis drei Jahre nach der Pflanzung. Diese kurze Zeit sollte mit einer Zwischenpflanzung aus einjährigen Blumen oder mit Zwiebel- und Knollengewächsen wie Dahlien und Gladiolen überbrückt werden. Zwischen Sträuchern kann man sich mit einjährigem Gründünger oder großen Einjahrsblumen weiterhelfen, vorausgesetzt, sie lassen den Büschen genug Platz und Licht.

Geduldig abwarten Bis sich die neuen Pflanzen mit dem alten Bestand in harmonischer Weise zusammenfügen, wird einige Zeit vergehen. Bis dahin muss man sich in Geduld üben, abwarten und sich an den Zwischenlösungen erfreuen. Genau das macht den Garten zum Abenteuer: Er ist nie fertig und immer in Wandlung begriffen.

Teilbereiche im Garten erneuern

Fast jeder Garten wird irgendwann einmal in Teilbereichen verändert werden müssen. Dabei stehen oft ganz konkrete Ziele und Themen an, wie das Verschönern von alten Hecken, das Erneuern von Pflastern, einem alten Wasserbecken oder der bestehenden Rasenfläche. Vielleicht soll auch ein Sitzplatz angelegt oder aber ein Gartenbereich einfach pflegeleichter werden. In diesem Kapitel werden die häufigsten Fragestellungen, die in einzelnen Teilbereichen des Gartens auftreten können, aufgegriffen und dazu jeweils praxisnahe Lösungen vorgestellt.

Die alten Pflanzenschätze des Gartens aufwerten

Nicht immer ist uns bewusst, welche Schönheiten in unseren älteren, bereits eingewachsenen Gärten schlummern. Die großen Baumriesen fallen aufgrund ihrer Größe und Breite besonders auf. Manche kleineren Gehölze jedoch wachsen über Jahre fast unbemerkt vor sich hin und können ein hohes Alter erreichen, ohne größer als ein bis zwei Meter zu werden. Zwerg-Nadelgehölze sind solche unbemerkten Gartenbestandteile, die manchmal im Jahr nur wenige Zentimeter an Größe zunehmen.

Um diese kleinen Schätze braucht man sich in der Regel auch keine Gedanken zu machen. Die großen Gartenschönheiten jedoch, also alte Bäume, Sträucher und Kletterpflanzen, sind bei Gartenerneuerungen diejenigen Objekte, um die man sich am meisten kümmern muß. Wenn sie vorausschauend gepflanzt wurden, haben sie auch heute noch den Raum, der ihnen entspricht. Besonders alte Bäume sind fast gewachsene Denkmäler, die in gewisser Weise ihren Herrschaftsbereich an Größe und Wurzelraum fordern. Daneben haben alte Bäume Anspruch auf Distanz und Freiheit, den wir ihnen gewähren sollten. Außerdem geben sie Schutz und Unterschlupf für zahlreiche Tiere, schaffen Räume und Blickpunkte und haben einen Wert an sich, den so schnell keine andere Pflanze aufwiegen kann.

Wenn alte und mächtige Bäume oder Sträucher bei einer Umgestaltung erhalten bleiben, kann man sie durch eine Unterpflanzung mit anspruchslosen Pflanzenarten noch zusätzlich aufzuwerten. Dazu sind einige Vorüberlegungen nötig:

- Ein älterer eingewachsener Baum hat seine Wurzeln in der Regel weit ausgebreitet. Die nachgepflanzten Gewächse sollten in der Lage sein, sich trotzdem ihren Wurzelraum erobern zu können.
- Ein weiteres Problem ist der Lichtmangel, der unter Nadelbäumen so groß sein kann, dass selbst der schattenverträgliche Efeu dort nicht wachsen kann. Unter Laubbäumen sind die Bedingungen etwas besser.
- Der Laubfall darf den unter Gehölzen wachsenden Pflanzen nicht allzuviel ausmachen, denn es wäre eine mühsame Zusatzarbeit, im Herbst das Laub aus den Pflanzen entfernen zu müssen.

Linke Seite: Eingewachsene, ältere Gärten benötigen ein feines Gespür, um bei einer Veränderung nicht den prägenden Charakter, wie hier den schönen Natursteinweg und die alten Pflanzenschönheiten, zu beeinträchtigen.

Es ist ganz normal, wenn nach einer Umgestaltung selbst die vorhandenen Bäume und Sträucher noch einige Zeit etwas kahl wirken.

Farbenfrohe Unterpflanzung

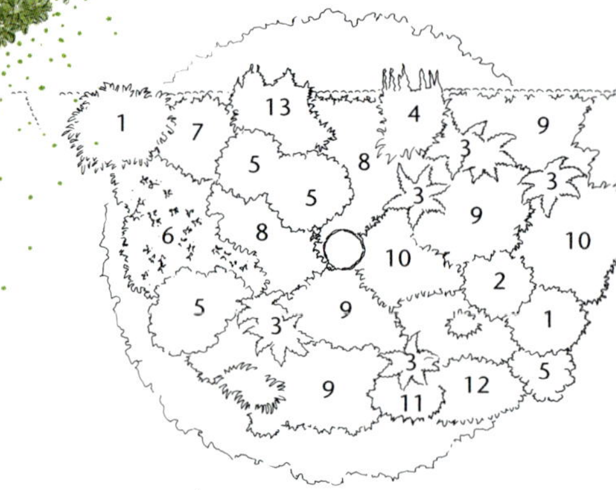

Farbenfroh und abwechslungsreich ist dieser Laubbaum mit folgenden Arten unterpflanzt:
1 Kirschlorbeer 'Barmstedt'
2 Buchsbaum
3 Wurmfarn
4 Fingerhut
5 Frauen mantel
6 Elfenblume *(Epimedium grandiflorum)*
7 Kaukasus-Vergissmeinnicht
8 Teppich-Hartriegel
9 Storchschnabel *(Geranium macrorrhizum)*
10 Ysander
11 Teppich-Astilbe *(Astilbe chinensis* var. *pumila)*
12 Zwerg-Funkie *(Hosta undulata)*
13 Geißbart.

- Die Partner für eine Unterpflanzung dürfen nicht zu viel Wasser und Nährstoffe beanspruchen, weil der Baum durch sein weitreichendes Wurzelsystem beides rasch aufnimmt.

Insgesamt eignen sich einige wenige Laubsträucher und Nadelgehölze und etwas mehr Stauden und Blumenzwiebeln für die Unterpflanzung von Laubbäumen sowie – bei ausreichend Licht – auch von Nadelbäumen.

Eine Unterpflanzung Schritt-für-Schritt

Bevor man die Unterpflanzung für einen speziellen Baum auswählt, sollte man sich mit dem Boden beschäftigen. Jahrelang eingewurzelte Gehölze haben ihn zum Teil so stark durchwurzelt, dass es äußerst mühevoll bis unmöglich werden kann, den Boden zu lockern, geschweige denn ein Pflanzloch auszuheben. Obwohl die in den Tabellen Seite 79 ff. aufgeführten Pflanzen auch mit begrenztem Raum vorlieb nehmen, sollte man für sie als Starthilfe nach dem Pflanzen eine Mulchschicht aufbringen. Möglicherweise lassen sich kleine Vertiefungen für kleinbleibende Zwiebelblumen und Bodendecker ausheben und bepflanzen. Am Kronenrand dagegen ist dann oft auch für größere Waldstauden genug Wurzelraum vorhanden.

In das geschaffene Pflanzbett kann man nun einige Leitpflanzen (siehe Seite 72) anordnen, die die bodendeckenden Arten durch ihre Größe überragen und durch auffällige Blüten, Wachsform oder Struktur einen Blickpunkt darstellen. Ersatzweise können schöne Wurzeln, Steine oder Ziergegenstände die optische Funktion der Leitpflanzen übernehmen. Ist nur eine flächige Unterpflanzung in ungefähr gleicher Höhe erwünscht, werden keine Leitpflanzen verwendet. Nach den Leitpflanzen setzt man die breitwachsenden und bodendeckenden Pflanzenarten, die in Gruppen verteilt werden (siehe Grafiken Seite 70/71).

➡ Das Auftragen von neuem Boden für eine Unterpflanzung wird von vielen Bäumen nicht gut vertragen. Fachleute raten daher davon eher ab.

- Die besten Jahreszeiten für eine Pflanzung sind generell das Frühjahr (März bis Mai) und der frühe Herbst (September bis Anfang Oktober).
- Blumenzwiebeln gibt man am besten im Herbst ins Erdreich, Gräser und Farne im Frühling.

Kleinsträucher für die Unterpflanzung von alten Bäumen und Sträuchern

Botanischer Name	Deutscher Name	Höhe	Besonderheiten	Stück/m²
Berberis verruculosa	Warzen-Berberitze	ca. 1 m	immergrün, Dornen	3
Buxus sempervirens var. *sempervirens*	Buchsbaum	ca. 1 m	immergrün	3
Choenomeles japonica	Niedrige Scheinquitte	ca. 1 m	blüht rot im Frühling	1
Cornus canadensis	Teppich-Hartriegel	ca. 0,2 m	blüht weiß im Frühling	8
Cotoneaster dammeri in Sorten	Felsenmispel	ca. 0,2 m	weiße Blüte, rote Beeren	5
C. praecox		ca. 1 m	weiße Blüte, rote Beeren, braucht Sonne	3
Daphne mezereum	Seidelbast	0,5–1 m	rosa Blüten im Frühling, braucht Kalk und frischen Boden; giftig	1
Euonymus fortunei	Kriechspindel	ca. 0,5 m	braucht Helligkeit, immergrün	1
Gaultheria procumbens	Rote Teppichbeere	ca. 0,2 m	rote Beeren, braucht feuchten und kalkarmen Untergrund	6
Hedera helix	Efeu	ca. 0,1 m	immergrüner Bodendecker und Kletterpflanze	5
Hypericum calycinum	Johanniskraut	ca. 0,3 m	gelbe Blüten im Sommer, Rückschnitt im Frühling	5
Ilex crenata 'Golden Gem' und 'Stokes'	Berg-Ilex	bis 1 m	immergrün, wächst langsam	1
Kalmia angustifolia	Lorbeerrose	ca. 1 m	blüht rosa im Sommer, braucht feuchte, kalkarme Böden	1
Leucothoë walteri	Traubenheide	ca. 0,6 m	immergrün, braucht feuchte und kalkarme Böden	1
Ligustrum-Arten	Liguster	1–2 m	z. T. immergrün, weiße Blüten, schwarze, giftige Beeren	1
Lonicera pileata	Böschungsmyrte	0,5 m	wächst breitbuschig, braucht etwas Sonne	3
Mahonia aquifolium	Mahonie	ca. 1 m	immergrün, gelbe Blüte im Frühling, verträgt Rückschnitt	1
Pachysandra terminalis	Ysander	0,2 m	weiße Blüte im Frühling, immergrün, bildet dichte Teppiche	9
Prunus laurocerasus 'Barmstedt'	Kirschlorbeer	1–1,5 m	immergrün, weiße Blüte im Frühling	1
Rhododendron in Arten und Sorten	Rhododendron	0,5–2 m	blühen im Frühling weiß, rosa, violett, brauchen Wurzelraum und Feuchtigkeit	1–3
Ribes alpinum 'Schmidt'	Alpenbeere	1–2 m	rote Beeren im Sommer	1
Stephanandra incisa	Kranz-Spiere	ca. 0,5 m	weiße Blüten im Sommer, braucht Sonne und feuchten Boden	1
Symphoricarpos x *chenaultii* 'Hancock'	Niedrige Purpurbeere	ca. 0,8 m	Früchte weiß-rosa, giftig, wächst breit ausladend, zum Verwildern geeignet	2
Taxus baccata 'Repandens'	Zwergeibe	ca. 0,5 m	immergrün, breit überhängend, braucht Feuchtigkeit	1
Vaccinium vitis-idaea	Preiselbeere	ca. 0,2 m	rote Beeren im Sommer, essbar, braucht etwas Sonne und kalkarmen Boden	9
Vinca minor und *V. major*	Immergrün	ca. 0,2 m	immergrüner Bodendecker, blüht violett im Frühling, braucht anfangs Feuchtigkeit	9

Stauden für die Unterpflanzung von Bäumen und Sträuchern

Botanischer Name	Deutscher Name	Höhe	Besonderheiten	Stück/m²
Alchemilla mollis	Frauenmantel	ca. 30 cm	blüht schwefelgelb im Frühsommer	6
Anemone hupehensis	Herbst-Anemone	ca. 100 cm	blüht rosa oder weiß im Frühherbst	3
Anemone nemorosa	Buschwindröschen	ca. 15 cm	blüht je nach Sorte blau, weiß oder rosa, zieht nach der Blüte ein	15
Aruncus dioicus	Geißbart	ca. 150 cm	blüht im Sommer hellgelb, astilbenähnlich	1
Asarum europaeum	Haselwurz	ca. 10 cm	nierenförmige Blätter, benötigt einige Jahre zum Einwurzeln	12
Astilbe chinensis var. *pumila*	Zwerg-Prachtspiere	ca. 40 cm	blüht rosa-violett im Sommer, braucht ausreichend Feuchtigkeit	12
Anthyrium filix-femina	Frauenfarn	ca. 70 cm	Farn für durchwurzelte Böden	1
Bergenia cordifolia	Bergenie	ca. 40 cm	blüht rosa im Frühling, Blätter zum Teil wintergrün	5
Brunnera macrophylla	Kaukasus-Vergissmeinnicht	ca. 40 cm	blüht blau im Frühling, braucht ausreichend Feuchtigkeit	5
Carex plantaginea	Breitblatt-Segge	ca. 30 cm	immergrünes Gras mit breiten Blättern	12
Cimicifuga racemosa var. *cordifolia* und *C. simplex*	Silberkerze	ca. 150 cm	blüht weiß, am besten am Rand von Bäumen im lichten Schatten	3
Convallaria majalis	Maiglöckchen	ca. 20 cm	blüht weiß im Mai, Flächendecker	9
Corydalis lutea	Lerchensporn	ca. 25 cm	blüht gelb über den Sommer, braucht einen hellen Standort, versamt sich selbst	9
Digitalis purpurea	Fingerhut	ca. 150 cm	vorwiegend zweijährig, blüht rosa oder weiß, feuchte und kalkarme Böden	6
Dryopteris filix-mas	Wurmfarn	ca. 100 cm	heimischer Waldfarn	1
Epimedium grandiflorum und *E.* x *versicolor*	Elfenblume	ca. 20 cm	Blüte je nach Sorte weiß, gelb oder rosa, z. T. immergrün, braucht Feuchtigkeit	9
Galium odoratum	Waldmeister	ca. 10 cm	blüht weiß im Mai und duftet	12
Geranium in Arten	Storchschnabel	10–60 cm	Blüten weiß, rosa, violett im Frühsommer, guter Flächendecker	9
Helleborus niger	Christrose	ca. 30 cm	blüht im Winter weiß, rosa oder violett, braucht kalkreichen Boden und lichten Schatten	5
Hosta undulata andere *H.*-Arten	Funkie, Hosta	ca. 50 cm	weißbunte Blätter, violette Blüte im Sommer, braucht genügend Feuchtigkeit große Arten in Einzelstellung	7 1
Lamium maculatum	Taubnessel	ca. 20 cm	Blatt weiß-silbrig gefleckt, blüht rosa oder violett über den Sommer	9
Lysimachia punctata	Goldfelberich	ca. 80 cm	blüht gelb im Juni, braucht Feuchtigkeit	6
Polygonum affine	Knöterich	ca. 20 cm	blüht rosa und rot im Sommer, guter Bodendecker, konkurrenzstark	9
Primula-Arten, z. B. *P. denticulata*	Primeln	10–50 cm	lichter Schatten zwischen Gehölzen, brauchen humose, etwas feuchte Böden	6
Rodgersia podophylla und *Astilboides tabularis*	Schaublatt Tafelblatt	ca. 100 cm	große, dekorative Blattpflanzen	1
Sasa veitchii	Zwerg-Bambus	ca. 60 cm	wintergrüner Bodendecker, sehr konkurrenzstark	5
Saxifraga umbrosa	Porzellanblümchen	ca. 30 cm	blüht weiß im Frühling, Bodendecker	9
Waldsteinia geoides und *W. ternata*	Waldsteinie	ca. 20 cm	blüht gelb im Frühling, braucht Sonne	12

Blumenzwiebeln und Knollen zur Unterpflanzung von großen Bäumen und Sträuchern

Botanischer Name	Deutscher Name	Höhe	Besonderheiten	Pflanztiefe
Chionodoxa sardensis	Schneestolz	10 cm	blaue Blüten im März	10 cm
Eranthis cilicica und *E. hyemalis*	Winterling	10 cm	gelbe Blüten im März	10 cm
Fritillaria meleagris	Schachbrettblume	30 cm	lila-weiße schachbrettartige Blüten, Blüte im Mai	10 cm
Galanthus nivalis	Schneeglöckchen	15 cm	blüht weiß im Februar/März	10 cm
Leucojum vernum	Märzenbecher	20 cm	blüht weiß im März	10 cm
Lilium hansonii	Goldtürkenbund	150 cm	blüht gelb im Juni	20 cm
Lilium henryi	Gelber Türkenbund	180 cm	blüht orange im August	30 cm
Lilium martagon	Türkenbund	80 cm	blüht orange im Juli	20 cm
Ornithogalum umbellatum	Milchstern	15 cm	blüht weiß im April	10 cm
Puschkinia scilloides	Puschkinie	20 cm	blüht blau im April	10 cm
Scilla siberica	Blaustern	10 cm	blüht blau im März/April	10 cm

- Alle Pflanzen brauchen als Starthilfe genügend Feuchtigkeit, daher nach dem Pflanzen reichlich Angießen.
- Blumenzwiebeln können in ihrem Pflanzloch ein- bis zweimal angegossen werden.
- Lilien brauchen einen lockeren, luftigen Boden und wachsen gern aus einem beschatteten Boden in sonnigere Höhen.

In den ersten ein bis zwei Jahren ist bei einer frischen Unterpflanzung Unkrautjäten, Gießen und sparsames Düngen im Frühling erforderlich. Danach sollten die Pflanzen eingewachsen sein und den Boden nach und nach dicht bedecken. Wenn eine Art sich auf Dauer nicht einleben möchte, ersetzt man sie durch Ableger einer gut eingewachsenen Nachbarpflanze.

Einzelne Sträucher betonen

Steht ein formschöner Einzelstrauch in einer Gartenanlage, kann man auch diesen in seiner Wirkung verstärken, indem man ihn unterpflanzt und damit besser in die Gesamtpflanzung einbindet. Steht er auf einem freien Rasenstück, läßt er sich z. B. durch eine niedrige Hecke umsäumen, deren Innenflächen mit passenden Begleitpflanzen (siehe Tabelle Seite 80) ausgefüllt werden. Als Abrundung kann eine passende Gartenskulptur, ein Vogelhäuschen oder ein ähnliches Objekt dienen. Da Sträucher in der Regel einen weit kleineren Wurzelraum als Bäume beanspruchen, sind solche Ergänzung relativ leicht umzusetzen.

Ein Sitzplatz im Schatten unter Gehölzen

Nehmen wir einmal an, ein schön gewachsener, alter Baum hat einen angemessenen Platz in Ihrem Garten – sei es von Haus aus, sei es nach dem Entfernen benachbarter Gehölze im

Mit Strahlenanemonen *(Anemone blanda)* lassen sich sogar eingewurzelte Baumscheiben noch verschönern.

Zuge einer Gartenrenovierung. Eine solch ehrwürdige Gestalt kann in ihrer Wirkung noch gesteigert werden, indem man sie durch ein ganz besonderes »Extra« zusätzlich aufwertet. Dazu nur zwei Beispiele – Ihrer Phantasie sind dabei jedoch keine Grenzen gesetzt.

Sitzplatz – Geborgenheit unter schützender Krone Rund um den Stamm eines Baums bietet eine ringförmige Sitzbank aus hellem oder dunklem Holz, vielleicht auch aus Metall einen heimeligen Platz. Dazu sollten die unteren Äste nicht zu tief wachsen, um den Blick von der Bank auf die Umgebung offen zu halten. Wenn eine Rundumsicht nicht möglich ist, dann genügt es, eine halbrunde oder besonders ansprechende Bank darunter zu stellen. Der Platz an einem schönen Baumstamm wird auch durch ein entsprechendes Pflaster aufgewertet, wenn es z. B. kreisförmig um den Stamm angelegt wird. Bei alten Bäumen kann dies allerdings Schwierigkeiten machen, wenn die Wurzeln nicht tief genug im Boden verlaufen. Als Alternative könnte man mit Splitt oder Kies auffüllen und den Platz mit Randsteinen nach außen abgrenzen.

Laube unter Laubdach Wenn die Krone erst in einer gewissen Höhe beginnt, könnte man mit einer unter der Krone errichteten Laube den Baum ins rechte Lampenlicht rücken. Dafür wird um den Stamm ein Ring aus Holz oder Metall gelegt, an den die Konstruktion einer leichten Laube befestigt wird. Daran können sich schattenverträgliche Kletterpflanzen wie Clematis, Geißblatt *(Lonicera)* o. ä. hochranken.

Unter einem älteren Baum lässt sich besonders gut ein lauschiges, schattiges Plätzchen einrichten. Hier ist es sogar zusätzlich mit einem Sichtschutz ausgestattet.

Gleich und gleich ergänzt sich gut

Sind bei einer Gartenerneuerung einzeln stehende Bäume oder Sträucher erhalten geblieben, kann man diese außer mit einer niedrigen, bodendeckenden Unterpflanzung (siehe Seite 77 ff.) auch noch auf andere Weise aufwerten. Dazu die Anregung, Gleiches mit Gleichem zu ergänzen.
Mit »Gleich« sind dabei Pflanzen der gleichen Art oder nahe Verwandte gemeint. Dadurch entsteht insgesamt eine sehr gute Gruppenwirkung. Bei schmalen und niedrigeren Baumformen sowie größeren Strauchgestalten ist dies in der Praxis einfacher umzusetzen als bei großkronigen Bäumen in Einzelstellung. Solche alte Riesen des Gartens wirken in der Regel besser für sich alleine; sie lassen sich eher durch hinaufrankende Kletterpflanzen zusätzlich nutzen bzw. betonen, etwa durch Ramblerrosen (siehe Seite 83), einen Efeu oder eine Kletterhortensie *(Hydrangea anomala* ssp. *petiolaris)*.

Beispiele für Zusammenstellungen ähnlicher, nah verwandter Arten sind:

- Zu einer Sand-Birke *(Betula pendula)* kann eine Hänge-Birke *(Betula pendula* 'Youngii') gesetzt werden; diese Kombination ist für größere Gärten geeignet.
- Zu einem Fächer-Ahorn *(Acer palmatum)* passt ein klein bleibender Schlitz-Ahorn *(Acer palmatum* 'Dissectum') mit dunkelrotem oder grünem Laub. Die Ansprüche beider Arten sind ähnlich. Wählt man zwei unterschiedliche Blattfarben, ergibt sich ein schöner Kontrast.
- Zu größer wachsenden Weiden können niedrige Weidenbüsche *(Salix repens, Salix purpurea* 'Nana') als Ergänzung dienen. Eine solche Zusammenstellung ist besonders schön an naturnahen oder wassernahen Standorten. Weiden sind sehr wüchsig und breiten sich dort stärker aus.

- Zu einem schön gewachsenen Fliederstrauch gesellt sich gut der kleinwachsende Herbst-Flieder *(Syringa microphylla* 'Superba') – vorausgesetzt, er bekommt genug Sonne und Feuchtigkeit.

Die nachträgliche Vervollständigung verlangt einen offenen Boden, damit die neuen Pflanzen darin Platz zum Wurzeln finden. Dazu muss man einen entsprechenden Abstand zur Hauptpflanze einhalten, ohne dass dadurch die Gruppenwirkung leidet. Um harmonische Größenverhältnisse zu erzielen, wäre es am besten, gleich eine entsprechend große (aber auch teure) Pflanze zu setzen. Die neue Begleitpflanze braucht auf jeden Fall in den ersten Jahren eine intensivere Pflege (Wässern, etwas Dünger, evt. Winterschutz), damit sie sich an den Standort und die Konkurrenz gewöhnen und ihren Platz erfolgreich behaupten kann.

Alte, lichte Bäume verschönern

Einzeln stehende Bäume, die aufgrund des Alters schon eine lichte Krone haben oder – bei alten Obstbäumen – im Ertrag allmählich nachlassen, kann man sehr schön mit **Ramblerrosen** beranken. Diese besonderen Kletterrosen können mit ihren weichen, meterlangen Trieben einen Baum als Klettergerüst nutzen, ohne dass man sie extra befestigen muss; nur ein anfängliches Aufleiten am Stamm ist notwendig. Zur Blütezeit hängen die übervollen Rosentriebe dann märchenhaft von den Seitenästen herunter. Folgende Arten und Sorten eignen sich dafür:

- 'Bobby James' (Blüte weiß)
- *Rosa filipes* 'Kiftsgate' (Blüte weiß)
- 'Kew Rambler' (Blüte rosa)
- 'Paul's Himalayan Musk Rambler' (Blüte violettrosa)
- 'Russeliana' (Blüte violettrot)
- 'Rose Marie Viaud' (Blüte violettrot)

Einige der hier genannten Rosensorten sind nur in speziellen Rosenbaumschulen erhältlich, die unter anderem auch Alte und Historische Rosen im Angebot haben.

Statt einen alten, lichten Baum zu roden, kann man ihn zu einem blühenden Rankgerüst für wüchsige Ramblerrosen umfunktionieren.

Wenn große Bäume weichen

In den wenigsten Gärten wird großen Bäumen auf Dauer ausreichend Platz und Raum zur Verfügung stehen. Eine enge Nachbarschaft von anderen Pflanzen oder Gebäuden kann sie im Wuchs behindern, oder sie beschatten den Garten zu stark. Wer einen Garten übernimmt, in dem die alten Bäume, Sträucher und Kletterpflanzen zu wenig Raum haben, wird wählen müssen, wie er weiter damit verfährt. Drei Varianten sind denkbar:

Die Arbeit mit der Hebebühne erleichert das Fällen eines Baumes ganz erheblich und wird oft angewandt, wenn Fällarbeiten nahe an Gebäuden oder Straßen erfolgen.

- Die alten Gartenschönheiten erhalten
- sie durch einen fachlichen Schnitt etwas regulieren oder
- sie zumindest teilweise Roden.

Bevor man die Entscheidung gegen den Fortbestand eines alten Baumes trifft, sollte man sich unbedingt bei den Behörden (Kommunen) erkundigen, ob eine **Baumsatzung** oder **Baumschutzverordnung** besteht und daher zuerst eine Genehmigung für das Fällen eingeholt werden muss.
Es gab Fälle, in denen Gartenbesitzer nichtsahnend einen alten Baum fällen ließen und danach eine Geldbuße von mehreren Tausend DM entrichten mussten. Manchmal werden Bäume sogar katastermäßig erfasst und lassen sich dann nur unter besonderen Bedingungen beseitigen.
Gefährdet ein Baum durch einen möglichen Einsturz oder Astbruch nahestehende Häuser, oder ist er so krank, verletzt oder morsch, dass Bruch- oder Windwurfgefahr besteht, dann kann eine Genehmigung leichter erteilt werden.
Entscheidet man sich für das Entfernen eines alten Baums, wird man in der Regel eine Firma damit beauftragen. Ein Blick in die Gelben Seiten, in die Zeitung, oder ein Gespräch mit Nachbarn ist ein gängiger Weg, einen entsprechenden Betrieb zu finden. Telefonisch kann abgeklärt werden, mit welchen Methoden die Firma arbeitet und zu welchen Zeiten sie Termine frei hat. Bei einer Besichtigung vor Ort kann man dann die genaue Vorgehensweise und die Kosten besprechen.
Grundsätzlich gibt es drei unterschiedliche Vorgehensweisen:

- Der ganze Baum wird mitsamt den Wurzeln entfernt, und das Holz, Äste und Zweige abtransportiert.
- Der Baum wird mit den Wurzeln entfernt, jedoch ohne den Abtransport des Holzes.
- Der Baum wird nur gefällt, die Wurzeln bleiben im Boden, das Holz wird nicht abtransportiert.

Hin und wieder wollen Hobbygärtner – vor allem aus Kostengründen – einen Baum auch selbst fällen. Die wenigsten Gartenbesitzer verfügen jedoch über die entsprechende Erfahrung und Praxis im Umgang mit den Arbeitsmitteln (Leitern, Motorsägen, Techniken zum Abseilen). Ein solcher, vermeintlich kostengünstiger Versuch kann schnell zu erheblichen Verletzungen oder einem Unfall führen. Zugleich sind Beschädigungen an Gebäuden oder anderen Bäumen möglich.
Das eigentliche Fällen vollzieht sich in zwei Schritten. Zuerst wird der Stamm abgesägt, dann werden die Wurzeln separat angegangen. Den Stamm kann man je nach Lage und Zugänglichkeit wie beim forstmäßigen Fällen behandeln. Dazu wird zuerst eine Fallkerbe ausgesägt, und dann mit dem Fällschnitt der Baum in Richtung der Fallkerbe zu Fall gebracht. Kann man einen ganzen Baum auf diese Weise fällen, bleibt das Holz meist unbeschädigt und könnte als Erinnerung sogar noch zu einem Möbelstück für draußen oder

➡ Bäume fällt man besser Schritt für Schritt; man seilt die einzelnen Hauptäste ab und kann sie damit in ihrer Fallrichtung beeinflussen. Bei Nadelbäumen sind die Äste meist recht regelmäßig verteilt, und die Fallrichtung ist nicht immer klar vorauszusehen. Abseilen ist hier ein Muss!

drinnen weiterverarbeitet werden. Besonders in kleinen Gärten und im innerstädtischen Bereich ist jedoch meist viel zu wenig Platz für eine solche Möglichkeit des Fällens. Hier wird der Baum in Klettertechnik von den Fachleuten bestiegen und die Krone Stück für Stück heruntergeschnitten. In manchen Situationen wird man dazu eine Hebebühne oder sogar einen Kran einsetzen müssen, was die Sache deutlich verteuert.

Den Wurzelstock kaschieren

Ein leidiges Problem ist immer wieder der nach dem Fällen verbleibende Wurzelstock. Wie ist er am besten herauszuholen? Fachfirmen legen ihn meist etwas frei und fräsen ihn mit einer Wurzelstockfräse heraus, zum Teil wird auch mit Rodehaken und Rodebock gearbeitet. In günstigen Situationen kann auch ein Bagger direkt an den Wurzelstock fahren und ihn herausbaggern. Am aufwändigsten ist und bleibt die Handarbeit, weil die Wurzeln oft recht mühevoll herausgegraben werden müssen.

Manche Gartenbesitzer überlegen sich auch, ob sie den Wurzelstock nicht aus Kostengründen bis zum Verrotten im Boden lassen sollten. Dies ist dann sinnvoll, wenn an dieser Stelle nichts Neues nachgepflanzt oder gebaut werden soll und man den Platz jahrelang der Natur überlassen kann. Verschiedene Fäulnispilze und andere Mikroorganismen erledigen die Zersetzungsarbeit bei Weichhölzern (Pappel, Weide) je nach Feuchtigkeit in etwa 5–10 Jahren, bei Harthölzern wie Eiche und Buche dauert es in der Regel etwas länger. Wer der Natur etwas auf die Sprünge helfen will, kann den verbleibenden Stumpen mehrmals spalten, damit Wasser und Feuchtigkeit besser eindringen können.

Baumstämme mit neuer Funktion

Bäume, die weichen müssen, können im Garten zwischenzeitlich noch eine andere Funktion übernehmen, z. B. als immergrünes Rankgerüst. Man nehme dazu einen Baum und säge ihn in einigen Metern über der Erde zurück. Des weiteren benötigt man lediglich einige Efeupflanzen, die am Fuße der Baumsäule gesetzt werden und ihn mit der Zeit immergrün einwachsen. In waldähnlichen Gartensituationen gelingt diese natürliche Verbindung von Absterben und Wachsen recht gut. Die efeuberankte Säule ist nicht für immer angelegt, da der verbliebene Stamm mit der Zeit verrottet. Je nach Holzart und Bedingungen kann der verbliebene Stamm noch gute 10 Jahre als Efeusäule dienen.

Ein weiteres Beispiel: Junge Fichten wurden früher gerne reihenweise als Hecke oder Sichtschutz gesetzt. Nach 10 bis 20 Jahren ohne Schnitt stehen die inzwischen großen Exemplare meist viel zu dicht an Terrasse oder Zaun und befriedigen in keiner Weise mehr. Bevor man sich als Gartenbesitzer an das Beseitigen der Fichtenhecke macht, sollte man erwägen, ob man sich nicht die Arbeit etwas erleichtern und die Zeit für sich arbeiten lassen will. Dazu sägt man die Krone auf einer Höhe ab, die optisch noch einen gewissen Sichtschutz bietet. Diese lebenden und meist kahlen oder wenig beasteten »Pfosten« können anschließend auf verschiedene Arten eingesetzt werden. Stehen sie recht eng beieinander, genügt es, sie von einer oder beiden Seiten mit Kletterpflanzen beranken zu lassen. Unter den Immergrünen

Baumstümpfe können ganz einfach zum Sichtschutz umfunktioniert werden, indem man Kletterpflanzen darüber wachsen lässt. Bei stark durchwurzeltem Boden kann man Erde auffüllen oder sich mit bepflanzten Kübeln behelfen.

könnten Efeu *(Hedera helix)*, Kletterspindel *(Euonymus fortunei* var. *radicans)* und Geißblatt *(Lonicera henryi)* verwendet werden. Im lichten Schatten der Fichtenstämme fühlen sich *Clematis*-Arten/-Sorten, sommergrünes Geißblatt *(Lonicera)*-Arten und die Kletterhortensie *(Hydrangea anomala* ssp. *petiolaris)* recht wohl.
Stehen die Fichtenstämme weiter auseinander, lassen sie sich als Pfosten für eine Holzkonstruktion nutzen. Verschalt man die Stämme von zwei Seiten, kann man die Konstruktion sogar mit Ästen und Zweigen füllen und von außen mit Kletterpflanzen überwachsen lassen (siehe Grafik Seite 85).

Rechts: Von allen Nadelbäumen vertragen Eiben den Rückschnitt bis ins alte Holz am besten.

Unten: Hainbuchen, Rotbuchen und Feldahorn treiben nach dem »Auf-Stock-setzen« problemlos wieder aus.

Ältere Sträucher und Hecken verjüngen, verschönern oder erneuern

Außer den Bäumen bilden ältere Sträucher und Hecken die prägenden Strukturen im Garten. Sie begrenzen ihn nach außen hin, können aber auch innerhalb des Gartens Räume schaffen und voneinander abgrenzen. Weitere wichtige Funktionen sind der Sichtschutz und der Schutz vor Wind, Staub, Regen und Lärm, vor allem an den Übergängen zu anderen Grundstücken, Straßen, Wegen, usw.

Frei wachsende Sträucher und Hecken verjüngen

Hecken sind, ganz kurz gesagt, dicht aufeinander folgende Sträucher oder Bäume, die in einer oder mehreren Reihen gepflanzt werden. Wenn sie frei (also ungeschnitten) wachsen, entfalten Hecken und Sträucher ihre ganze Größe und Schönheit. Als Hecke setzt man Sträucher in einer oder zwei Reihen im Abstand von ca. 1,50–2,00 m. Bei einer engeren Pflanzung kommt der einzelne Strauch nicht mehr voll zur Geltung. Für eine **einreihige Hecke** kann man etwa 2 m in der Breite rechnen, für **zweireihige Anlagen** entsprechend mehr.
In älteren Gartenanlagen lassen die Sträucher oder Strauchhecken an Schönheit oft zu wünschen übrig. Mangelnde Blütenfülle liegt oft am fehlenden Licht. Hier hilft meist ein sachgerechter Rückschnitt (siehe Grafiken unten). Bei einzeln stehenden Sträuchern kann man

Verjüngung alter Hecken

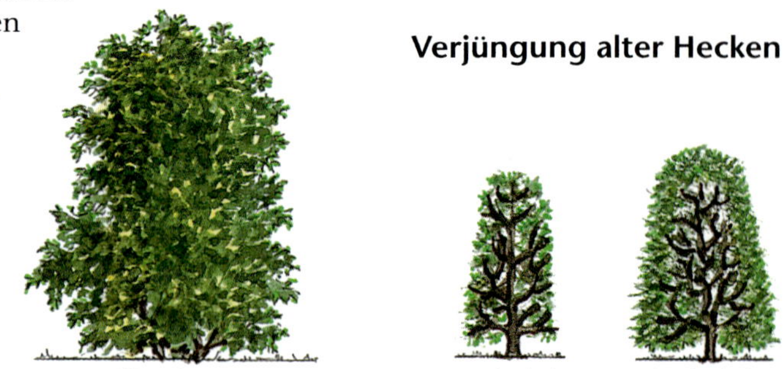

Überalterte Eibenhecke — Rückschnitt ins alte Holz — Rückschnitt nach Austrieb

Verjüngung alter Formhecken

Überalterte Formhecke — Auf-den-Stock-Setzen — Neuaustriebe zurückschneiden — Formschnitt

Heckenschnitt
falsch richtig

Formschnitthecke
gerade Form gerundete Form

Beispiele für den Kantenverlauf einer Formschnitthecke
geradlinig wellenförmig mit integrierten Formen

Oben: Damit Licht und Luft bis an die unteren Pflanzenteile kommt und die Hecke dicht wächst, empfiehlt sich eine leicht schräge Heckenform.

Unten: Es ist ganz der Phantasie des Gärtners überlassen, in welcher Form die Oberkante einer Hecke geschnitten wird.

alle drei bis sechs Jahre zur Schere greifen und mit einem Auslichtungsschnitt die Pflanzen wieder in Schwung bringen. Bei Heckenstreifen können alle Sträucher in diesem Rhythmus ausgeschnitten werden. Eine andere Variante besteht darin, in jährlichem Wechsel nur jede zweite oder dritte Pflanze zu behandeln, damit die Hecke an sich erhalten bleibt.

Der Heckenschnitt erfolgt am besten im Frühling oder Frühsommer.

Verschiedene Schnittarten stehen für überalterte Stäucher und Hecken zur Verfügung. Zunächst der kräftige Rückschnitt, das »**Auf-Stock-setzen**« (siehe Grafik links). Dabei werden die Einzelpflanzen bis auf ca. 20 cm oder 40 cm Höhe abgesägt. Aus dem »Stock« treiben aus den sogenannten »schlafenden Augen« viele neue Triebe, die Pflanze verjüngt sich dadurch recht gut. Diese Radikalkur vertragen besonders Wildgehölze und robuste Gartensträucher. Dazu gehören:

- Berberitzen *(Berberis,* sommergrüne Arten)
- Schmetterlingsstrauch *(Buddleja davidii)*
- Hartriegel *(Cornus alba)*
- Haselnuss *(Corylus avellana)*
- Korkflügelstrauch *(Euonymus alatus)*
- Forsythie *(Forsythia* x *intermedia)*
- Ranunkelstrauch *(Kerria japonica)*
- Liguster *(Ligustrum)*
- Heckenkirsche *(Lonicera)*
- Bauernjasmin *(Philadelphus coronarius)*
- Schlehe *(Prunus spinosa)*
- Feuerdorn *(Pyracantha coccinea)*
- Johannisbeeren *(Ribes)*
- Wildrosen *(Rosa)*
- strauchförmige Weiden *(Salix)*
- Holunder *(Sambucus nigra* und *S. racemosa)*
- Spiersträucher *(Spiraea)*
- Schneebeere *(Symphoricarpos albus)*.

Eine schonendere Schnittvariante ist das **Auslichten**. Dabei genügt es, an der Basis bzw. am Boden solche Äste und Zweige abzuschneiden, die sich reiben, kreuzen, nach innen wachsen oder zu dicht stehen. Die Folge ist ein Neuaustrieb aus den unteren Augen, so dass sich die Pflanze selbst neu aufbaut. Auf diese Weise können bedenkenlos fast alle Straucharten behandelt werden. Lichtet man die Pflanzen regelmäßig aus, entsteht ein ausgewogenes Verhältnis von neuem und altem Holz und damit optimaler Blüten- und Blattansatz.
Einige wenige Pflanzenarten sollte man am besten **ungeschnitten lassen**; dies wären zum Beispiel: strauchförmige Ahorn-Arten *(Acer palmatum, Acer japonicum)*, Strauch-Kastanie

Sträucher, die im Sommer blühen

Deutscher Name	Botanischer Name	Bemerkung
Sommerflieder	*Buddleja davidii*	Blüte weiß, rosa, violett
Perückenstrauch	*Cotinus coggygria*	Blüte rosa bis rot
Bartblume	*Caryopteris* x *clandonensis* 'Heavenly Blue'	Blüte blau
Hibiscus	*Hibiscus syriacus* in Sorten	Blüte weiß, rosa, blauviolett
Strauchhortensien	*Hydrangea arborescens, H. aspera, H. paniculata*	Blüte weiß, rosa, blau, violett
Bauernhortensien	*Hydrangea macrophylla*	Blüte rosa, blau
Johanniskraut	*Hypericum* 'Hidcote'	Blüte gelb
Blauraute	*Perovskia abrotanoides*	Blüte blau
Rosen	*Rosa* in Arten und Sorten	zahlreiche Blütenfarben
Spierstrauch	*Spiraea*-Bumalda-Hybride 'Anthony Waterer'	Blüte rosa
Weigelien	*Weigela*-Hybriden in Sorten	Blüte rot bis weiß

Sträucher, die im Herbst auffallen

Deutscher Name	Botanischer Name	Bemerkung
Niedrige Ahornarten	*Acer palmatum* etc.	mit schöner Herbstfärbung
Liebesperlenstrauch	*Callicarpa bodinieri*	lila Beerenschmuck
Scheinquitte	*Choenomeles*-Arten	Blüte rot, Früchte leuchtend gelb
Felsenmispeln	*Cotoneaster* in Arten	Beeren rot oder orange
Korkflügelstrauch	*Euonymus alatus* 'Compactus'	rote Herbstfärbung
Sanddorn	*Hippophaë rhamnoides*	Beeren orange
Blütenkirsche	*Prunus subhirtella* 'Autumnalis'	Blüte rosa
Feuerdorn	*Pyracantha*-Hybriden	Fruchtschmuck gelb, orange oder rot
Duft-Schneeball	*Viburnum farreri*	Blüte hellrosa, Duft

Immergrüne Gehölze

Deutscher Name	Botanischer Name	Bemerkung
Buchsbaum	*Buxus sempervirens*	gut für Formschnitt geeignet
Immergrüne Berberitzen	*Berberis buxifolia, B. candidula B. hookeri, B. julianae, B. stenophylla, verruculosa*	je nach Art blaue oder schwarze Beeren
Felsenmispel	*Cotoneaster* x *watereri*	rote Früchte
Spindelstrauch	*Euoymus fortunei* in Sorten	wächst bodendeckend
Stechpalme	*Ilex aquifolium, I. crenata*	leuchtend rote Beeren
Liguster	*Ligustrum*-Arten	schnittverträglich, schwarze Beeren
Mahonie	*Mahonia*-Arten	gelbe, duftende Blüten
Kirschlorbeer	*Prunus laurocerasus* in Sorten	weiße Blüten
Schneeball	*Viburnum*-Arten	weißrosa Blüten, z. T. duftend

(Aesculus parviflora), Aralie *(Aralia mandshurica)*, Buddleje *(Buddleja alternifolia)*, Etagen-Hartriegel *(Cornus controversa)*, Japanischer Blumenhartriegel *(Cornus kousa)*, Scheinhasel *(Corylopsis)*, Zaubernuss *(Hamamelis)*, Stechpalme *(Ilex)*, Goldregen *(Laburnum)*, Magnolien *(Magnolia)* und Parrotie *(Parrotia)*.
Ganz abgekommen ist man von einem Schnitt, der den Strauch nur in der Höhe geradlinig begrenzt. Im Gärtnerjargon heißt er »Bubikopfschnitt«. An den Schnittstellen entsteht bei wiederholtem Schnitt dieser Art ein Gewirr von jungen Neutrieben, die so eng stehen, dass sie sich Licht und Luft nehmen.

Eine alte Strauchhecke mit neuem Pfiff

Angenommen, eine lockere Strauchhecke ist vorhanden, die Pflanzen treiben und blühen wie gewünscht, aber es fehlt doch ein »neuer Pfiff«, die Hecke wirkt auf Dauer etwas langweilig. In den meisten Fällen gibt es recht einfache Lösungen, eine solche Hecke aufzuwerten:

► **Die Hecke blüht vor allem im Frühling und ist im Winter zu unauffällig** Man kann die auf Seite 49 gezeigte Tabelle zur Hand nehmen und sie für diese Strauchhecke verwenden. Damit gewinnt der Gartenfreund eine Übersicht, wo und wann etwas in welcher Farbe blüht. Für den fehlenden Farbaspekt im Sommer, Herbst und Winter können anschließend Pflanzen der Tabelle auf Seite 88 ergänzt werden. Den Platz dafür schafft man entweder durch Herausnehmen alter Sträucher und Ersatz durch neue Arten, oder man pflanzt vor die bestehende Hecke einen Saum oder nur einzelne Gruppen neuer, niedrigerer Arten. Sonne bis Halbschatten ist für die auf Seite 88 vorgestellten Sträucher am günstigsten.

Streng geschnittene Hecken in den verschiedensten Höhen und Arten (Buchsbaum, Eibe und Thuje) bestimmen diesen Gartenteil und lenken den Blick auf den Durchgang nach draußen.

Gestalt und Ausdruck von Formgehölzen lassen sich nur durch regelmäßigen exakten Schnitt erhalten.

► **Die frei wachsende Hecke ist zu breit und ausladend geworden** Sträucher lassen sich nur begrenzt durch Schnittmaßnahmen in einen bestimmten Rahmen zwingen. Haben frei wachsende und schnittverträgliche Sträucher genug gesundes Holz, ist es möglich, sie nachträglich in eine schmalere Form zu bringen. Es braucht allerdings einige Jahre Geduld, bis sich der gewünschte Erfolg einstellt. Eine andere Variante besteht darin, dass man einzelne, schön gewachsene Straucharten aus einer bestehenden Strauchhecke auswählt und die anderen rodet. In die entstandenen Lücken kann man jetzt schmale, schlank wachsende Pflanzen setzen, die im Kontrast zu den Blütensträuchern stehen sollten, z. B. eine Dreiergruppe aus Säulenwacholdern *(Juniperus communis* und *J. virginiana* in Sorten), Scheinzypressen *(Chamaecyparis lawsoniana* in Sorten), Lebensbäumen *(Thuja occidentalis* in Sorten), Säuleneiben *(Taxus baccata* 'Fastigiata' und ähnliche) sowie Stechpalmen *(Ilex aquifolium* 'Pyramidialis'). Diese immergrünen Gehölze brauchen nur dann einen Schnitt, wenn sie zu hoch werden. Mit einer solchen kombinierten Lösung wertet man die verbliebenen Blütensträucher auf und verleiht ihnen durch die Kombination mit den Immergrünen optisch einen dauerhaften Rahmen.

Überalterte Formhecken und -gehölze in Form bringen

Das Gegenstück zu den frei wachsenden Sträuchern bzw. Hecken bilden die vom Menschen geformten Pflanzen. Sie zeigen streng geschnittene Konturen. Formhecken pflanzt man je nach gewünschter Breite in einer einzelnen oder doppelten Reihe und beschneidet sie möglichst von Anfang an. Dadurch wachsen sie gleichmäßig buschig und dicht. Mit streng geformten Hecken erreicht man auch bei wenig Platz eine dichte Hecke und kann zugleich eine Abgrenzung, einen Hintergrund oder eine klare Form in den Garten bringen. Miniaturhecken umgrenzen z. B. die Beete eines Bauerngartens oder Vorgartens, größere Exemplare grenzen oft die Grundstücksgrenze ab. Geformte Hecken können aus einer einzigen Pflanzenart, aus regelmäßig angeordneten Gruppen mehrerer Arten oder auch ganz gemischt zusammengesetzt sein. Einen ruhigen Eindruck vermitteln Immergrüne wie z. B. Liguster, Eibe, Wacholder, Lebensbäume und Scheinzypressen. Sommergrüne Gehölze wie Hainbuche, Rotbuche, Feldahorn, Heckenberberitze, Kornelkirsche, Feuerdorn und Forsythie geben auch ohne Blüten und Früchte einen schönen Anblick. Der Blüten- und Fruchtansatz geht durch den regelmäßigen Schnitt leider oft verloren.

Formhecken entstehen aus Sträuchern oder Bäumen, die meist in einer Reihe gesetzt werden. Die Größe der gewählten Pflanzenart im ausgewachsenen Zustand bestimmt den Schnittaufwand. Eine Heckenberberitze wird ungeschnitten im Alter etwa 2 m hoch und breit, eine Rotbuche erreicht dagegen die zehnfache Höhe bzw. Breite. Die Rotbuche wird deshalb auf Dauer einen größeren und häufigeren Schnittaufwand erfordern als im Vergleich dazu etwa eine Hecke aus Berberitze, Liguster oder Eibe.

Über Jahre ungepflegte Formhecken entpuppen sich im manchmal als Problem, weil sie eine Größe erreicht haben, die eigentlich gar nicht gewünscht war. Eine Eibe wird zu einer meterhohen Wand, und eine Hainbuche entwickelt sich in Breite und Höhe zu einem Baum. Um den ausgewachsenen Hecken wieder zur alten Form zu verhelfen, ist Geduld und ein jahrelanges Regulieren erforderlich. Man beginnt mit einem **scharfen Rückschnitt** ins alte Holz. Dies **vertragen** unter anderem folgende Pflanzen recht gut: unter den Nadelgehölzen die Eibe, unter den Laubgehölzen viele Heckensträucher sowie Rotbuche, Hainbuche und Liguster. Aus dem alten

Holz wachsen Jungtriebe, die wie bei einer jungen Hecke immer wieder geschnitten werden. Das bedeutet wiederholtes Einkürzen, um sie zur Verzweigung zu veranlassen, und ein fortlaufender Formschnitt (siehe Grafiken Seite 86/87). Je nachdem, wie hoch die neue Hecke wachsen soll, braucht auch der Aufbau der neuen Hecke gewisse Zeit; mit etwa fünf Jahren sollte man rechnen.

Kahle Stellen ausbessern

Ein Schönheitsfehler bei alten, eingewachsenen Hecken liegt in den kahlen Stellen. Sie sind die Folge von einem zu späten Rückschnitt, der in den meisten Fällen erst dann erfolgt, wenn die Pflanzen ihre gewünschte Höhe erreicht haben. Es gibt einige Möglichkeiten solche kahle Partien auszugleichen. Bei ausreichendem Wurzelraum und entsprechender Wasserversorgung kann man Kletterpflanzen an die kahle Stelle pflanzen; sie wachsen mit der Zeit in die Hecke hinein. Dazu eignen sich Clematis-Arten wie *Clematis montana* 'Rubens', *Clematis alpina* und die Kletterspindel *Euonymus fortunei* var. *radicans*. Sollte das nicht möglich sein, können Sichtschutzwände vor die unschönen Heckenpartien aufgestellt

Die grüne Efeuwand rückt mit einer Vorpflanzung aus Tulpen, Schneeball und Traubenhyazinthen ganz in den Hintergrund.

und ebenfalls berankt werden. Optisch sehr ansprechend kann eine Vorpflanzung mit kleinen Sträuchern und Stauden wirken, vorausgesetzt, der Platz lässt dies zu und die Pflanzen werden wegen der Wasser- und Nährstoffkonkurrenz entsprechend gut betreut.
Möchte man eine Hecke von unten ab dicht haben, sollte man von Pflanzbeginn an immer wieder den Rückschnitt nicht vergessen. Nur dann verzweigen sich die Pflanzen von unten an optimal. Es dauert zwar da-

Welcher wundervolle Ausblick ginge verloren, wenn dieser kleine Durchgang zuwachsen würde.

Rechte Seite: In vollendeter Symmetrie bilden Wasser, Buchsbaumhecken und Ornamente eine Einheit, für die eine sorgfältige Planung und regelmäßiger Formschnitt Voraussetzung ist.

> **Der Schnitt der Hecken sollte an den Seiten nicht genau senkrecht sein, sondern sich nach oben hin etwas verjüngen. Dadurch gelangt mehr Licht an die unteren Heckenteile, und die Hecke wächst dort gleichmäßig dicht. Die Krone der Hecke kann dabei gerade, gerundet oder spitz zulaufend geschnitten werden.**

durch insgesamt länger, bis die Hecke ihre Größe hat, doch der Vorteil des dichten Wachstums überwiegt später eindeutig. Viele Gartenfreunde reagieren auf diese Empfehlung immer etwas stirnrunzelnd, denn bei jung gesetzten Heckenpflanzen kommt man nicht auf die Idee, sie nochmals zu stutzen, vor allem wenn sie in einer bestimmten Größe gekauft wurden.
Diese Empfehlung betrifft solche Pflanzen, die sich nur dann gut verzweigen, wenn man mit der Schere nachhilft, wie alle strauchförmigen Heckenarten, Fichtenhecken, Laubbäume und buschig wachsende Eiben. Ausgenommen davon sind säulenförmig wachsende Pflanzen, wie Thujen, Scheinzypressen, Säuleneiben, usw.
Manche alten Hecken können bedauerlicherweise nicht mehr in die alte Form gebracht werden, weil bestimmte Heckenpflanzen einen **sehr radikalen Rückschnitt nicht tolerieren** würden; dazu gehören Kiefer, Thuje, Fichte, Wacholder und Scheinzypresse. Bei einer Verjüngung müsste seitlich und oben sehr viel Holz weggeschnitten werden. Man kann es jedoch an einer Stelle auf einen Versuch ankommen lassen. Der beste Zeitpunkt dafür ist das Frühjahr. Sind bis zum Jahresende keine Neutriebe zu erkennen, wird der Versuch abgebrochen.

Eintönige Schnitthecken beleben

Gelegentlich klagen Gartenbesitzer darüber, dass ihnen ihre geschnittene Hecke einfach zu eintönig ist. Die Frage ist: Können solche langen grünen Wände verändert werden, ohne dass dabei ihre Funktion als Sicht- und Lärmschutz beeinträchtigt wird? Die Antwort ist: Ja und Nein. Ja in Bezug auf die Umsetzung. Es ist möglich, aus der Pflanzenreihe an einigen Stellen einzelne Exemplare herauszunehmen und danach auch die Wurzeln zu entfernen. In die Lücke kann dann ein passender Strauch oder kleiner Baum gesetzt werden, am besten etwas nach vorne versetzt, damit die Konkurrenz von der Hecke etwas gemäßigt wird. Das »Nein« bei diesem Experiment betrifft die Optik. Die neu gesetzten Arten haben es häufig schwer, dort Fuß zu fassen und können erst nach Jahren die kahlen Stellen in der Hecke wirklich überwachsen. Es ist und bleibt daher ein Versuch mit nicht immer klar vorhersehbarem Ergebnis.
Als Alternative bieten sich bepflanzte Kübel an, die, gruppenweise zusammengestellt, die lange Linie einer Hecke unterbrechen können. Die Kübelpflanzen haben genug Erde und Wurzelraum in ihren Gefäßen, und die Hecke verliert nichts von ihrer Schönheit und Funktion.

Einzeln stehende Formgehölze schneiden

Einen Blickpunkt im Garten bilden die kunstvoll geschnittenen Gehölze, die den Pflanzenfreunden vor allem Geduld und etwas Mühe abverlangen. Aus einer kleinen Pflanze wie einem Buchsbaum oder einer Eibe wird mit dem Alter und bei Bedarf einem Drahtgerüst als Unterbau eine lebendige Figur. Geometrische Figuren wie Kugeln und Pyramiden sind dabei einfacher zu formen als bestimmte Figuren, etwa Tiere.
Immergrüne, lebende Gartenplastiken wirken besonders in der Vegetationsruhe sehr ansprechend und sollten deshalb so gepflanzt sein, dass sie auch gut im Blickfeld stehen. Am Eingang, im Vorgarten, in der Nähe des Wohnzimmerfensters, an der Terrasse usw. sind solche prädestinierten Plätze für diese Besonderheiten. Im Prinzip kann man aus jeder schnittverträglichen Heckenpflanze eine einfache Form schneiden, wie es z. B. alte Lauben aus Buche zeigen.

> **Ein starker Rückschnitt ins alte Holz ist sowohl oben als auch seitlich nicht immer von Erfolg gekrönt, denn nicht alle Pflanzen besitzen ein so hohes Ausschlagvermögen wie die Eibe oder Hainbuche. Das Ergebnis ist und bleibt manchmal eine kahle Seite. Außerdem ist es durchaus möglich, dass die Hecke zwar in der Höhe, nicht aber zur ungeschnittenen Seite hin weitertreibt.**

Neue Ideen für Hecken in alten Gärten

Drei Beispiele sollen je nach Gartentyp Anregungen geben, wie man eine neue Hecke in einen bestehenden Garten integrieren kann.

Beispiel 1 Der Garten einer älteren Villa verfügt über einen alten Baumbestand und ist deshalb immer etwas schattig. An einer Grundstücksgrenze soll eine nicht allzu hohe Hecke mit Blühhöhepunkt im Sommer gepflanzt werden. Passend zum Stil und zum Standort (leichter Halbschatten) wäre eine Hecke aus Bauernhortensien, die an den Endpunkten von Eiben umrahmt ist. Diese können frei wachsen oder aber in Form geschnitten werden. Die Hortensien *(Hydrangea macrophylla)* blühen je nach Bodenart rosa oder blau. In diesem Garten ist leicht saurer Boden vorhanden, die Pflanzen werden daher im August/September überwiegend blau blühen. Sie werden etwa 1–1,5 m hoch und breit. Die Pflanzen können in einer Reihe im Abstand von ca. 1,5 m oder in einer Doppelreihe gesetzt werden. Sollte ein strenger Winter den Hortensien stark zusetzen, hilft ein Rückschnitt, nach dem sie wieder neu austreiben. Gegen starken Wind sind sie etwas empfindlich.

Beispiel 2 Ein kleineres Einfamilienhaus aus den 60er Jahren hat einen Garten mit vielen alten Obstbäumen. Als Zaunersatz ist an einer Grundstücksseite eine Hecke geplant, die nicht allzuviel Platz wegnehmen und etwa 1,5 m hoch und breit werden darf. Hier bietet sich eine einreihige Strauchhecke an, die in Abschnitte mit je einer Pflanzenart aufgeteilt ist. Jeweils am Ende wird eine kleine Gruppe immergrüner Gehölze eingefügt. Eine solche Hecke ist relativ pflegeleicht, blüht vielfältig und braucht nur ab und zu ausgelichtet werden. Der Pflanzabstand beträgt je nach Pflanzenart 1–1,5 m.

Beispiel 3 Auf einem Grundstück mit altem Baumbestand wurde das bestehende Haus modern ausgebaut. Der Vorgarten soll eine Einfassung bekommen, die dem Stil des geradlinigen Hauses angepasst ist. Die Einfassung soll höchstens 1 m hoch werden, damit der Eingang gut sichtbar bleibt. Geeignet wäre hierfür eine niedrige Formschnitthecke, z. B.

Je nach Zusammenstellung können Hecken klassisch, formal oder naturnah wirken.

Ganz unten (Beispiel 2):
1 Bibernellrose
2 Eibe
3 Ranunkelstrauch
4 Kartoffelrose
5 Stechpalme
6 Feuerdorn
7 Berberitze.

Beispiel 1

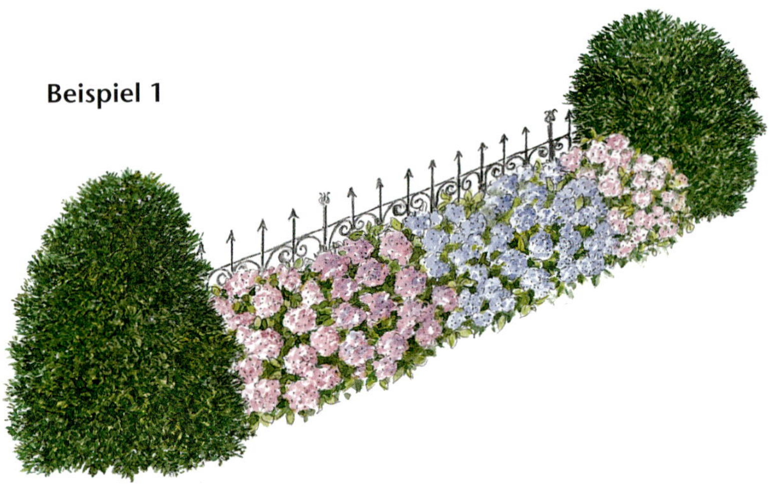

Beispiel 3

Beispiel 2

aus rotblättriger Berberitze (*Berberis thunbergii* 'Atropupurea'). Das dunkelrote Laub färbt sich im Herbst karminrot, und die Pflanze blüht im Mai gelb. Um das Bild etwas aufzulockern und auch im Winter eine Farbwirkung zu erzielen, wurde beim Pflanzen im Abstand von ca. 2 m eine Kletterspindel (*Euonymus fortunei* var. *radicans*) mit immergrünen, weißbunten Blättern dazwischen gesetzt. Eigentlich eine Kletterpflanze, hält sie im Wachstum mit der Berberitze mit und durchsetzt die Hecke allmählich mit ihrem weißbunten Laub.

Ein neues Kleid für Eingänge, Pergolen und Wände

Mehrjährige Kletterpflanzen sind Gehölze, die mit bestimmten Pflanzenteilen klettern, ranken oder schlingen und dadurch senkrechte Flächen überziehen. Im Verhältnis zur schier unüberschaubaren Fülle an Sträuchern und Bäumen ist die Zahl der Klettergehölze relativ übersichtlich. Nach ihrer Kletterweise unterscheidet man grob drei Gruppen von Kletterpflanzen:

Kletterpflanzen

Deutscher Name	Botanischer Name	Blätter/Blüten	Wuchstyp	Schnitt
Zu den **selbstkletternden Arten** zählen:				
Trompetenblume	*Campsis radicans*	orangefarbene Blüten im Sommer	wächst schnell, macht Wurzelausläufer	schnittverträglich
Kletterspindel	*Euonymus fortunei* var. *radicans*	immergrün, weißbunte Blätter	langsam und buschig	nur Triebe einkürzen, radikaler Rückschnitt ungünstig
Efeu	*Hedera helix*-Sorten z. B. 'Goldheart'	immergrün die Sorte mit gelbbunten Blättern	mittel, in voller Sonne nur bei ausreichend Wasser	junge Triebe schnittverträglich, altes Holz weniger
Kletterhortensie	*Hydrangea anomala* ssp. *petiolaris*	weiße Blüten im Mai/Juni	langsam, wächst buschig	evtl. auslichten und einkürzen, kein Radikalschnitt
Rankgerüste brauchen:				
Wilde Kiwi Echte Kiwi	*Actinida arguta* *A. chinensis*	Früchte reifen im geschützten Klima	wächst schnell bei sonnigem Standort	verträgt regulierenden Schnitt
Pfeifenwinde	*Aristolochia macrophylla*	zierende Blätter	wächst schnell	verträgt regulierenden Schnitt
Baumwürger	*Celastrus orbiculatus*	gelbe Herbstfärbung mit orangen Beeren	wächst schnell, nicht an Bäume setzen	verträgt starken Schnitt
Knöterich	*Fallopia aubertii*	weiße Blüten	wächst schnell, wuchert z. T.	verträgt auch radikalen Schnitt
Hopfen	*Humulus lupulus*	grüngelbe Früchte	wächst schnell	verträgt starken Schnitt
Geißblatt, Jelänger-Jelieber	*Lonicera* in Arten *L. henryi*	duftende Blüten im Sommer immergrün	wächst schnell, gut im Halbschatten	verträgt regulierenden Schnitt
Wilder Wein	*Parthenocissus quinquefolia* und *P. tricuspidata*	rot-orangefarbene Herbstfärbung der Blätter	wächst schnell, zum Teil auch unter Dachziegel	sehr austriebswillig, auch bei Radikalschnitt
Blauregen, Glyzinie	*Wisteria sinensis* *W. floribunda*	violette oder weiße Blüten	wächst schnell, z. T. armdicke Haupttriebe	verträgt auch stärkeren Schnitt nach der Blüte

Rosen und *Clematis* (hier: 'Jackmanii'); sie sind ideale Partner, weil sie sich in der Blütezeit und Farbe ausgezeichnet ergänzen.

- Die **selbstkletternden Arten**, die keine Kletterhilfe benötigen
- Die **Schling- und Rankpflanzen**, die mit Hilfe von umgebildeten Organen oder als ganze Pflanze an einer Stütze emporklettern und diese auch benötigen. Als Kletterhilfen können hier Seile, Drähte oder Stäbe dienen.
- Die sogenannten **Spreizklimmer**, sie klettern mit ganzen, oft hakigen oder stacheligen Trieben. Für sie braucht man gerüstartige Kletterhilfen, etwa ein Rankgitter, eine Pergola oder ein Spalier

Kletterpflanzen werden gern zur Fassadenbegrünung verwendet. Voraussetzung dafür ist ein einwandfreier Untergrund; der Putz sollte ohne Risse oder Fehler sein, damit vor allem die selbsthaftenden Arten mit ihren Saugwurzeln nicht ins Mauerwerk vordringen können. Wurde dies berücksichtigt, können berankte Wände und Mauern viele Jahre lang einen guten Schutz vor Regen, Wind, Kälte und starker Besonnung bieten und starke Temperaturschwankungen ausgleichen. Das gilt natürlich auch für Rankgerüste und Pergolen.

Passende Begleiter für Kletterpflanzen

Viele Kletterpflanzen stehen einzeln an Pergolen, Rankgittern, oder Hauswänden. Dabei besitzen alte Exemplare oft armdicke und mehrfach ineinander verschlungene Triebe. Meist bleibt kein Raum für größere Nachbarpflanzen. Außer der Ergänzung mit dekorativen Gartenobjekten und evtl. Gartenmöbeln kann man sie daher meist nur durch eine **Unterpflanzung** aufwerten.
Am Fuß einer gut eingewachsenen Kletterpflanze können nur genügsame Pflanzenarten gedeihen. Je nachdem, wie stark die Kletterpflanze den jeweiligen Boden für sich beansprucht, bleibt für die oben genannten, robusten Begleitpflanzen nicht mehr viel Raum. Ein Aufgraben des Bodens ist in manchen Fällen nur schwer zu realisieren und kann zudem den Wurzeln der Kletterpflanze schaden. Ist sie noch recht jung, gelingt dies meist problemlos. Ältere, eingewachsene Arten lassen jedoch nicht mehr so viel Spielraum. In solchen Fällen kann man sich mit dem bepflanzen Kübel helfen, die man dann zu Füßen der Kletterpflanzen aufstellt. Bei entsprechend guten Lichtbedingungen eignen sich als begleitende Unterpflanzung:

- *Berberis thunbergii* 'Atropupurea Nana' (rotblättrige Zwerg-Berberitze)
- *Berberis verruculosa* (Walzen-Berberitze)
- *Buxus sempervirens* 'Suffruticosa' (Buchsbaum)
- *Caryopteris* x *clandonensis* 'Heavenly Blue' (Bartblume)
- *Choenomeles japonica* (Niedrige Scheinquitte)
- *Euonymus fortunei* (Spindelstrauch)
- *Hypericum calycinum* (Johanniskraut)
- *Lavendula angustifolia* (Lavendel)
- *Perovskia abrotanoides* (Silberstrauch, Blauraute)
- *Prunus laurocerasus* 'Otto Luyken' (Kirschlorbeer, niedrig wachsend)
- *Spiraea*-Bumalda-Hybride 'Anthony Waterer' (Rote Sommerspiere)
- *Spiraea thunbergii* (Weiße Strauchspiere)

Kletterpflanzen miteinander kombinieren

Drei Beispiele aus der Praxis sollen Anregungen geben, wie Kletterpflanzen miteinander kombiniert werden können.

Beispiel 1 An der Nord- oder Ostseite eines Hauses oder sonstigen Gebäudes lassen sich schattenliebende Kletterpflanzen gut zum Beranken einsetzen. Auch ohne Rankhilfe kann etwa eine kahle Wand mit Efeu *(Hedera helix)* oder der Kletterhortensie *(Hydrangea anomala* ssp. *petiolaris)* verschönert werden. In unserem Beispiel wurde eine rahmenartige Konstruktion an zwei Rankgittern um die Tür errichtet (siehe obere Grafik). Die Rankhilfen bieten den beiden *Clematis*-Hybriden mit weißen und violetten Blüten ausreichend Halt. Als Pflanzraum dienen zwei Aussparungen im Granitpflaster. Damit und mit zwei jahreszeitlich bepflanzten Kübeln zu beiden Seiten wird die Tür betont. Sie sind jeweils gleich bepflanzt. Ob man dazu nun auf mehrjährige Arten wie z. B. eine Zwergazalee, einen schönen Schlitzahorn oder auf Gräser zurückgreift, oder lieber jeweils im Frühling, Sommer und Herbst einjährige Blumen verwendet, bleibt ganz dem persönlichen Geschmack überlassen.

Beispiel 2 Im zweiten Beispiel schafft ein ummauerter Innenhof Platz für sonnenliebende Kletterpflanzen. An den drei Stützen der Pergola wächst die immergrüne Kletterspindel buschig in die Höhe und Breite und überspielt an zwei Pfosten die schlingenden Triebe des Blauregens, der an den unteren Partien gerne kahl wird. Der Blauregen hat nach oben hin genug Raum zur Entfaltung und einen stabilen Halt. Im Mai hängen dann sehr zahlreich die blauen Blütentrauben nach unten und verzaubern für ein bis zwei Wochen den Innenhof mit südlicher Pracht (siehe untere Grafik). Wenige Zeit später beginnt eine rosablühende Kletterrose ihr Farbenspiel, das

Die Auswahl der Rankhilfen hängt vom späteren Gewicht der Kletterpflanzen ab. Blauregen und Wein brauchen stabile Konstruktionen aus Holz oder Metall, für Pflanzen mit leichten Trieben, z. B. *Clematis*, reichen auch leichtere Versionen.

Links: Eine schattige Eingangstür kann mit einem berankten Spalierelement und zwei Pflanzkübeln recht schnell zu einem attraktiven Blickfang werden.

Unten: Dieser sonnige Innenhof wird durch Kletterpflanzen betont, die ihm zu jeder Jahreszeit ein anderes Bild geben. Im Mai und Juni verwandeln ihn vor allem der Blauregen *(Wisteria sinensis)* und rosa blühende Kletterrosen in ein Blütenmeer.

Eine elegante Verbindung von Haus und Terrasse schafft eine von *Clematis montana* 'Rubens' umrankte Pergola aus Holz.

Schattige Hauswände oder Pergolen lassen sich mit den herzblättrigen Pfeifenwinden oder angenehm duftenden Geißblatt-Arten verschönern.

unter günstigen Wetterbedingungen bis in den September andauern kann. Kletterrosen brauchen etwas Luft und Platz, was ihnen in diesem Fall an dem Duchgang zur Verfügung steht. Zwei Stellen sind nur für Rosen vorgesehen, weil sie im Herbst gegen Frost angehäufelt werden und einen Winterschutz aus Fichtenreisig bekommen. Eine Unterpflanzung würde diese Arbeit unter Umständen behindern. Die Erde für die beiden Rosen soll vor dem Pflanzen sehr tief gelockert und immer wieder gut mit Dünger und Wasser versorgt werden. Den Herbstaspekt bringt der Wilde Wein mit seinem rot leuchtenden Laub in diesen Innenhof. Er berankt die Mauer ohne Kletterhilfe und kann sich bis unter die Pergola fortsetzen. Man sollte allerdings darauf achten, dass er den Blauregen nicht zu stark bedrängt.

Beispiel 3 Hier läuft ein Spalier aus hell gestrichenem Metall an der schattigen Ostseite eines Hauses entlang und bildet eine Art Laubengang (siehe Grafik links). Ein Kiesweg setzt sich auf beiden Seiten fort und ist umrahmt von einer niedrigen Berberitzenhecke mit dunkelrotem Laub.

Die Hecke hat mehrere Funktionen. Sie begrenzt den Laubengang zum Garten hin, lässt die Passanten auf dem Weg bleiben (Dornen!) und bringt außer den Kletterpflanzen noch etwas Farbe ins Spiel. Der Laubengang wird mit jeweils einer Pfeifenwinde begonnen und abgeschlossen, die sich mit der Zeit recht üppig in Höhe

Geländer aus Eisen geben keinen starken Sichtschutz, haben aber, mit Geißblatt und Fingerstrauch bewachsen, einen unverwechselbaren Charakter.

und Breite ausdehnen wird. Ihre großen, herzförmigen Blätter überranken schnell ihren Pflanzplatz und wirken optisch schwer. Die Geißblatt-Arten in der Laubenmitte bewirken genau das Gegenteil: Sie wachsen und blühen eher zart und vermitteln Leichtigkeit. Beide Arten sollten immer im Gleichgewicht stehen, weshalb die Gartenbesitzer die Pfeifenwinde notfalls durch entsprechenden Schnitt im Zaum halten sollten. Die Geißblatt-Arten blühen und duften im Sommer in zarten Gelb- und Orangetönen. Die in der Mitte befindliche Art *(Lonicera henryi)* ist immergrün.

Zäune und Grundstücksgrenzen

Grenzen kann man im Garten mit vielen Mitteln markieren und sich damit eine gewisse Abschirmung schaffen. In bestehenden Gärten sind die Grenzen meist schon lange durch Zäune, Hecken, Mauern oder anderen Möglichkeiten vorgegeben. Besonders die Straßenfront und der Eingangsbereich eines Hauses werden dabei aufwändiger gestaltet, als dies in Gartenbereichen der Fall ist, die an das Nachbargrundstück oder sogar an ein Stück offenes Land grenzen.
Stil und Gestaltung von Zäunen und Grundstücksgrenzen sollten immer im Einklang mit dem Stil des Hauses sowie des Gartens und der Umgebung stehen. Bei einer Renovierung sind häufig lokale Vorschriften zu beachten, vor allem, wenn es sich um historische Zäune, Mauern usw. handelt.

Zäune

Bei Zäunen ist die Vielfalt sehr groß. Als Material kommen Holz, Kunststoff, Metall (z. B. Maschendraht), aber auch Naturstoffe (z. B. Weidengeflecht) in Frage. Als Zaunersatz können Mauern oder Hecken dienen. Bei bestehenden Zäunen müssen alle Teile hin und wieder geprüft und zum Teil erneuert werden. Nur in Ausnahmefällen wird man einen Zaun von Grund auf neu erstellen müssen.

Ein Zaun kann sich grundsätzlich aus immer den gleichen oder mehreren verschiedenen Elementen zusammensetzten:

- Ein **Unterbau** in Form eines Sockels in verschiedenen Höhen bis hin zu einer Mauer aus Beton, Natursteinen, Ziegel oder Klinker ist; er ist selten.
- **Pfosten**, die einzeln stehen oder mit dem Sockel verbunden sind. Sie können aus dem gleichen Material wie der Sockel oder der Zaun gefertigt sein.
- Der eigentliche **Zaun**. Außer bei einer Hecke wird er an den Posten oder dem Unterbau befestigt.

Die Grafiken links zeigen einen einfachen **Zaun aus Spalierelementen**, wie sie in den letzten Jahren immer häufiger in Baumärkten erhältlich sind. Um damit lange Freude zu haben, sollte man auf Hartholz zurückgreifen oder die Teile zumindest sehr gründlich mit Holzschutz vorbehandeln. Diese Spalierelemente wurden nun in sechs verschiedenen Varianten zu einem Zaun zusammengefügt, wodurch sich eine sehr unterschiedliche Gesamtwirkung ergibt.
Hat man vor, einen neuen Zaun in einem bestehenden Garten zu setzen, sollte man sich die Mühe machen, verschiedene Gestaltungsbeispiele zusammenzutragen und diese genau vergleichen. Wenn z. B. ein Spalierzaun mit Pfeilern Ihren Vorstellungen am besten entspricht, dann sollte man sich diesen zunächst auf dem Papier in verschiedenen Varianten skizzieren. Das Ergebnis ist oft verblüffend und macht die optische Wirkung der gewählten Umzäunungen nochmals deutlich. Anschließend kann man im Fachmarkt die einzelnen Spalierformen nochmals in natura vergleichen.
Da der Zaun auch ein Aushängeschild des Gartens und des Hauses ist, wirkt eine optische Verbindung zwischen beiden meist sehr gut. Hat ein Haus z. B. in Vierecke unterteilte Sprossenfenster, könnte ein Holz- oder Me-

Allein die Anordnung der Spalierelemente gibt jeder Zaunvariante einen eigenen Charakter, obwohl sie sich nur durch Sockel oder Pfeiler unterscheiden. Der oberste und unterste Zaun gleichen sich in der Bauart, nur eine Vorpflanzung lässt den untersten ganz unauffällig in den Hintergrund rücken.

tallzaun diese Unterteilung aufgreifen. Eine mit rotem Klinker verkleidete Fassade kann durch einen Zaun ergänzt werden, der aus Betonpfeilern besteht, die wiederum mit ähnlichem Klinker wie das Haus versehen werden. Dazu kann ein weiß gestrichener, einfacher Holzzaun einen interessanten Kontrast darstellen. Ist die Vorgartenbepflanzung eines eher schlichten Hauses im fernöstlichen Stil gehalten, könnte der Zaun aus zusammengebundenem Bambusstäben gestaltet werden. Zu einem alten Bauernhaus passt vielleicht ein traditioneller Staketen- oder Flechtzaun am besten, der allerdings in der Regel nicht älter als 10 Jahre alt wird, wenn das Material dauerhaften Bodenkontakt hat.
Offen und einladend wirken – besonders in dichten Wohngebieten – **Zäune**, die nicht direkt an der Grenze, sondern **etwas zurückgesetzt** angelegt werden. Die Bepflanzung beginnt dann vor dem Zaun und setzt sich dahinter locker fort. Hierfür sind niedrigere Zaunarten mit leicht wirkenden Pfosten sehr zu empfehlen. Auch eine solche Vorpflanzung muss natürlich gepflegt werden. Wenn man allerdings damit rechnen muss, dass die Vorpflanzung als Trampelpfad für Kinder, als Auslaufstelle für Hunde oder sogar zum Abfallplatz wird (z. B. an einer Bushaltestelle), sollte man von dieser Idee lieber Abstand nehmen.

Grundstücksgrenzen einmal anders

Es gibt im Garten manchmal Grenzlinien, die nicht unbedingt einen festen Zaun benötigen, sondern bei denen eine optische Barriere allein genügen würde. Für diesen Zweck könnte man mit einzelnen Steinen arbeiten, die an den betreffenden Stellen aufgestellt oder -gelegt werden. Verwachsen sie mit der Umgebung, wird ihre Wirkung noch verstärkt.
Eine andere Variante stellen die **Trocken- oder Natursteinmauern** dar, die ohne Zement und Mörtel auskommen und nur aus passend aufgeschichteten Steinen bestehen. Sie fügen sich recht gut in ältere Gärten mit dem entsprechenden Haustyp ein und haben einen angenehm naturnahen Charakter. Für die meisten Pflanzen, die in den Ritzen und Fugen solcher Mauern wachsen können, ist ein sonniger Standort von Vorteil. Die Hauptausrichtung einer solchen Mauer sollte daher nach Süden oder Westen verlaufen. Soll die Trockenmauer eine Böschung abfangen, ist ihre Richtung dagegen vorgegeben. Noch einen Punkt gilt es zu beachten: Eine Trockenmauer sollte zunächst an einer Seite frei stehen und mit einem Weg oder kurz geschnittenem Rasen abschließen, damit die Polsterpflanzen auch gut sichtbar bleiben und die Mauer für Pflegearbeiten gut zugänglich ist. Das Material für eine Trockenmauer kann man im einfachsten Fall aus der naheliegenden Umgebung zusammensuchen. Lesesteine an Feldrändern oder Reste alter Mauern sind immer wieder sehr billig zu bekommen.

Links: Fein und zierlich wirken geflochtene Weidenzäune, wie sie schon vor Jahrhunderten zum Einfrieden von Gemüsegärten verwendet wurden.

Wer Lesesteine von Feldrändern zum Selbstbau von Trockenmauern verwendet, muss sich zwar erst einarbeiten, kann aber gleichzeitig viel Geld sparen.

➡ Bei der Bepflanzung einer Trockenmauer gilt es, die Gesteinsart zu beachten. Polsternelken und das kleine Schleierkraut brauchen z. B. kalkhaltiges Gestein, der Herbstenzian *(Gentiana sino-ornata)* dagegen liebt eher saures Gestein, etwa Basalt. Eine solche Mauer erblüht vor allem im Frühling und Sommer in voller Pracht und braucht etwa zwei bis vier Jahre, bis die Pflanzen den Großteil der Steine überwachsen haben.

Lediglich der Transport ist zu bedenken. Für eine Trockenmauer kann man mit einem Fundament von ca. 30 cm Höhe rechnen, das mit Schotter, kleinen Steinresten und sonstigem Steinmaterial gefüllt wird. Ab Bodenniveau beginnend, baut man nun mit den Steinen eine Mauer auf, die sich nach oben hin verjüngt. Aus Stabilitätsgründen sollte sie nicht höher als ca. 150 cm sein. Man baut die Steine einmal waagrecht, einmal durchgehend bis an die andere Mauerseite ein und achtet auf gute Verbindungen an den Ecken. Statt Mörtel füllt man auf jede Lage lehmigen bis tonigen Boden, der gleich mit Wasser eingewaschen wird. In die Nischen und Fugen setzt man Polster- und Steingartenpflanzen ein, zusammen mit etwas Kompost oder Gartenerde. Sie wachsen bald ein und geben der Mauer ihren unverwechselbaren Reiz.

Gartenteich und Wasserbecken renovieren

In manchen älteren Gärten findet sich ein Springbrunnen, ein Wasserbecken oder sogar ein Teich, der über längere Zeit sich selbst überlassen war. Aus mangelnder Pflege oder aufgrund anderer Umstände steht das Becken vielleicht leer, aus dem Springbrunnen kommt kein Wasser oder der verlandete Teich ist nur noch zu erahnen. Was ist in diesem Fall zu tun?
Bei der Renovierung alter Wasseranlagen im Garten sind grundsätzlich drei Möglichkeiten denkbar:

- Die alte Anlage kann in den umgestalteten Garten mit eingebunden werden und wird dazu repariert, erneuert bzw. in Gang gebracht.
- Man kann auch das Thema »Wasser« generell aufgreifen und in abgeänderter Form am selben Platz einplanen. Aus einem kleinen Teich wird dann vielleicht ein größerer, und dieser mit einem neu anzulegenden Bachlauf verbunden, oder der Springbrunnen erhält ein neues, größeres Becken mit neuer Bepflanzung.
- Schließlich gibt es auch die Möglichkeit, ganz auf Wasser im Garten zu verzichten.

Wer sich noch nicht für eine bestimmte Lösung entscheiden kann, sollte zunächst der Frage nachgehen, ob das Gewässer selbst oder nur die Technik renovierungsbedürftig ist. Ein »nur« **verlandeter Teich** bringt dem Gartenbesitzer weit weniger Mühe bei der Renovierung als ein undicht gewordener. Falls ein künstlicher Bachlauf wegen einer defekten Pumpe ausfällt, ist dies leichter zu beheben als die Reparatur defekter Rohrleitungen. Hat man die Ursachen entdeckt, kann man den Arbeitsaufwand und die Kosten besser abschätzen.

Ein alter Gartenteich

Mitunter ist ein älterer Gartenteich so zugewachsen, dass die Ufer- und Sumpfpflanzen auch die offene Wasserfläche eingenommen haben. Natürlich ist es möglich, einen solchen vorhandenen Teich als Sumpfbiotop oder großes Sumpfbeet zu belassen und ihn entsprechend zu pflegen. Möchte man jedoch lieber wieder einen Teich im Garten, ist etwas Arbeitsaufwand notwendig.
Zunächst lässt man das Wasser im Frühjahr mit Hilfe einer Pumpe zur Hälfte oder zu zwei Dritteln ab. Dadurch gewinnt man einen besseren Überblick über die Pflanzen im Ufer- und Wasserbereich. Danach beginnt man damit, die zugewucherte Uferzone systematisch zu lichten. Man geht Pflanze für Pflanze vor, versucht, sie mitsamt den Wurzeln herauszuziehen und läßt am Ende jeweils nur eine kleine Teilpflanze stehen.
Für die **Pflanzdichte** können folgende Zahlen als Orientierung dienen:

- Teichrand und Ufer- bzw. Sumpfzone:
  3–4 Pflanzen/m^2 bei kleineren Uferpflanzen (z. B. Pfeilkraut)
  2–3 Pflanzen/m^2 bei größeren Uferpflanzen (z. B. Rohrkolben)

- Flachwasserzone bis ca. 10 cm Wassertiefe: ca. 3 Pflanzen/m^2
- Schwimmblattpflanzen: ca. 1–2 Pflanzen/m^2 (z. B. Seerosen)

Manchmal sind alte Pflanzen in speziellen Behältern – z. B. Gitterkästen – stark eingewachsen. Dann ist es besser, sie mit dem Topf herauszunehmen, zu teilen und die Teilpflanzen in neuen Töpfen oder Körben einzusetzen. Solche Spezialkörbe aus Kunststoff oder Kokosfaser bekommt man im Gartenfachhandel. Als Pflanzsubstrat verwendet man entweder spezielle Wasserpflanzenerde oder sehr nährstoffarmen Lehm oder Ton. Von stark gedüngten Erden ist unbedingt abzuraten, da sie indirekt das Algenwachstum fördern.

Nach dem **Auslichten** kann der Teich dann ruhig etwas kahl aussehen; die Pflanzen erholen sich jedoch rasch. Befinden sich wieder alle Pflanzen am Platz, wird mit Wasser aufgefüllt. Wer die Möglichkeit hat, sollte dazu Quellwasser nutzen. Leitungs- oder Brunnenwasser ist manchmal sehr nährstoffreich und kann zu starkem Algenwuchs führen. Ein Wassertest oder ein Anruf bei der Gemeinde bezüglich der Wasserqualität vor dem Wiederbefüllen ist einfacher, als später die Algenblüte im Teich wieder in den Griff zu bekommen.

Dieser Teich hat schon einen bedenklich großen Algenbelag, den man abfischen sollte, um Sauerstoffmangel vorzubeugen.

Bei allen Arbeiten am Gartenteich sollte man immer auch einen Blick auf den **Teichboden** werfen. Hier hat sich mit der Zeit meist Schlamm aus abgestorbenen Pflanzenteilen angesammelt, und wenn man sowieso schon am Säubern ist, kann man ihn mit Pumpe und Schlauch gut absaugen. Den Schlauch legt man

Ein reicher, vielseitiger Bewuchs und sauberes Wasser zeigen, dass dieser Teich im biologischen Gleichgewicht steht.

an eine Stelle, die tiefer liegt als der Teichboden. An der Schlauchöffnung im Teich sollte man ein Netz anbringen, damit keine Kleintiere abgesaugt werden.
Außerdem sollte man im Zuge der Renovierung die Abdichtung überprüfen. Die Teichfolie ist gegen Schnitte oder Stiche empfindlich, schon ein Stich mit der Grabgabel kann zu einer undichten Stelle führen. Auch die Teichränder müssen hin und wieder kontrolliert werden. Schaut die Folie an einer Stelle heraus, kann die Saugspannung der umliegenden Erde so groß sein, dass der Teich Wasser verliert. Richtig verlegt, müssen die Folienränder über Teichniveau enden, einmal umgeschlagen sein und möglichst ohne Lichteinwirkung im Boden auslaufen, also von Erde oder Kieseln bedeckt sein. Dies bewirkt zugleich einen Schutz vor UV-Licht, das die Folie spröde macht.
Findet man undichte Stellen, können sie zum Teil im Heißklebe- oder Schweißverfahren abgedichtet werden. Dabei sollte man sich von einem Fachmann beraten bzw. helfen lassen.
Undichte Teiche aus verdichtetem Ton oder Lehm können mit diesem Ausgangsmaterial wieder geschlossen werden. Hierzu ist jedoch Erfahrung nötig und fachlicher Rat unbedingt zu empfehlen.

Ein Wasserbecken mit neuem Glanz

Vielleicht haben Sie im Garten ein altes, rechteckiges Wasserbecken entdeckt, von dem es sich lohnt, wieder in Schwung gebracht zu werden. Die Bausubstanz sollte geprüft und repariert oder aber erneuert und evtl. mit Folie ausgelegt werden, bevor man sich der Bepflanzung widmet. Wasserbecken haben im Unterschied zu Teichen keine sanften Übergänge von Ufer und Wasser. Sie sind vielmehr in einen Außenbereich mit normaler Gartenerde und einen Schwimmpflanzenbereich aufgeteilt. Bei der Gestaltung sollte man daher möglichst Übergänge zwischen beiden Bereichen schaffen. Man kann dazu z. B. einige Ufer- bzw. Flachwasserpflanzen im Becken auf Eimern erhöht in Pflanzbehältern aufstellen.
Eine andere Möglichkeit besteht darin, an das gemauerte Wasserbecken einen Flachwasserbereich angrenzen zu lassen. Diese Uferzone ist mit einer Teichfolie auszulegen. Darin finden dann Wasserpflanzen des Flachwasserbereichs und zum Rand hin Sumpfpflanzen einen Platz, und die ganze Wasseranlage wirkt ähnlich wie ein Gartenteich. Eine solche Bepflanzung eines restaurierten Wasserbeckens mit angrenzender Flachwasserzone ist auf den Grafiken unten und rechts zu sehen.

Die rechteckige Form dieses Wasserbeckens wird durch einen neu angelegten Sumpfbereich etwas aufgelöst, wodurch die ganze Anlage naturnaher wirkt.

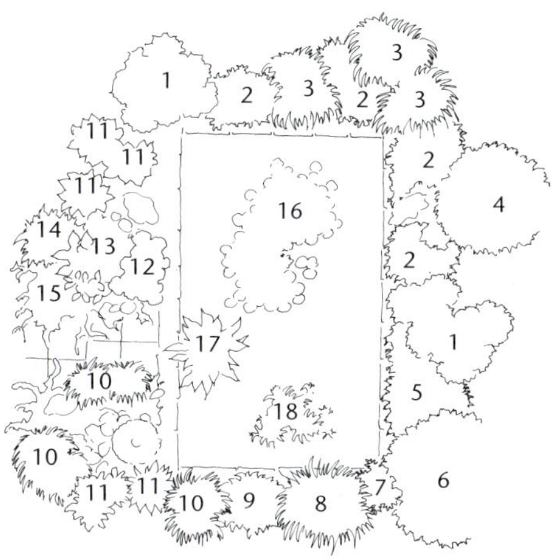

Neuer Glanz für altes Wasserbecken

Wo sich vorher nur ein kahles Wasserbecken befand, ist jetzt ein Wassergarten entstanden, der Lebensraum für Wasserpflanzen im Becken, Sumpfpflanzen in der mit Folie ausgekleideten Uferzone und dekorative Stauden, Gräsern und Sträuchern am Beckenrand bietet.
Im Außenbereich wachsen: 1 Tafelblatt, 2 Kaukasus-Storchschnabel, 3 Chinaschilf, 4 Kätzchenweide, 5 rotblättriger Schlitzahorn, 6 Fächerahorn, 7 Mädesüß, 8 Sibirische Wieseniris, 9 Kaukasus-Vergissmeinnicht, 10 Breitblatt-Segge, 11 Funkien in zwei Sorten.
In der Sumpfzone gedeihen: 12 Sumpfdotterblume, 13 Scheincalla, 14 Wollgras, 15 Pfennigkraut.
Im Wasserbecken 16 Seerosen, 17 Pfeilkraut, 18 Krebsschere.

Wenn Algen einmal überhand nehmen, kann man sie mit einem Holzrechen, Kescher oder einer Teichzange abfischen.

Algen im Wasser

Algen machen den meisten Gartenteichbesitzern die größten Sorgen. In jedem Teich leben auch Algen, vor allem die kleinen Formen dienen Tieren als wichtige Nahrungsquelle. Befindet sich der Teich nicht im »biologischen Gleichgewicht«, können sie sich allerdings explosionsartig vermehren. Dies geschieht auf Kosten der Teichpflanzen und -tiere; im Extremfall kann der Teich sogar »**umkippen**«. Dabei siedeln sich in der Bodenschicht aus abgestorbenen Pflanzen- und Tierresten Bakterien an, die übelriechende **Faulgase** produzieren. In solch einem Fall ist als Sofortmaßnahme das Einlaufen von frischem Wasser angesagt, das möglichst versprüht werden sollte, damit es sich mit dem Sauerstoff aus der Luft vermischt. Das Abfischen der Algen und Absaugen der Bodenschicht sind Maßnahmen, die ein gefährdetes Gewässer retten können. So weit kommt es zwar in der Regel nicht. Doch sollte man sich bei starkem Algenbewuchs über die Ursachen klar werden und sie durch Gegenmaßnahmen eindämmen.
Die Anreicherung von Nährstoffen in einem Teich, Wasserbecken usw. ist einer der häufigsten Gründe für einen starken Bewuchs von Algen sowie auch von Wasserlinsen, die oft für Algen gehalten werden. Normalerweise herrscht in einem Teich ein gewisses Gleichgewicht zwischen Sauerstoffverbrauch und -anreicherung durch Pflanzen und andere Organismen. Ist in einem kleinen Gewässer ein zu hoher Nährstoffeintrag durch die Ausscheidungen von Fischen, Enten und größeren Tieren gegeben, ist dieses Gleichgewicht gestört. Auch nährstoffreiche Pflanzerden oder Wasser tragen dazu bei. Der Nährstoffreichtum bewirkt rasches Algenwachstum, die absterbenden Algen sowie Tiere und Pflanzen sinken zu Boden und können sich dort als faulender Schlamm absetzen. Daher empfiehlt es sich auch, möglichst wenig Laub in den Teich fallen zu lassen, weil es ebenfalls zur Nährstoffanreicherung führt. Straff gespannte **Netze** oder das tägliche Abfischen von Herbstlaub beugen hier vor. Außerdem sollte man im Frühling abgestorbene Pflanzenteile abschneiden und mit einem Rechen zwischen den einzelnen Pflanzen hindurchziehen, um Pflanzenreste gar nicht erst zu Boden sinken zu lassen.
Eine andere wichtige Voraussetzung für sauberes Wasser ist Sonnenlicht, das mindestens ca. 4 Stunden am Tag auf das Wasser scheinen soll. Deshalb sind sonnige Plätze für einen Teich oder Wasserbecken so wichtig. Doch Sonnenlicht fördert nicht nur Pflanzenwachstum, sondern auch die Algenvermehrung, Deshalb sollte man anstreben, daß Schwimmblattpflanzen die Hälfte bis zwei Drittel der Teichoberfläche bedecken.
Von chemischen Mitteln zur Regulierung sollte man im Normalfall Abstand nehmen und besser die Ursachen beheben. Sind viele Algen vorhanden, kann man sie mit einem Kescher abfischen. Zur zusätzlichen Sauerstoffanreicherung können auch eine Umwälzpumpe oder Wasserspiele in Form von Kaskaden, Glocken oder Springbrunnen dienen. Sogenannte Teichbelüfter bestehen aus einer Pumpe, die Luft in den Teich bläst. Ein richtig angelegter Teich, mit ausreichend Belichtung, geringem Nährstoffeintrag und genügend dichter Bepflanzung, vor allem mit Schwimmpflanzen, kommt jedoch auch ohne technische Hilfsmittel aus.

➡ Je kleiner ein Gewässer ist, desto sensibler reagiert es auf jede mögliche Störung. Viele Teiche würden weniger Aufwand erfordern, wenn sie etwas größer und an einer Stelle mindestens 60 cm tief wären.

Was tun mit altem Pflaster und Belag?

Im Zuge einer Gartenrenovierung werden auch alte Pflasterbeläge kritisch begutachtet, eventuell durch neue ersetzt bzw. in Teilen ergänzt. Vielleicht wird auch eine Erweiterung einer bestehenden, gepflasterten Fläche erforderlich. Wie geht man dabei vor? Und was kann man mit dem alten Belag machen, ohne ihn gleich zu entsorgen?
Schon aus Kostengründen sind Natursteinpflaster, Natursteinplatten oder Bruchsteine aus diesem Material zu kostbar, um einfach ersetzt zu werden. Bei den früher so beliebten Waschbetonplatten oder allen Formen von Betonsteinen wird man viel leichter auf neue Alternativen umsteigen. Das liegt sowohl am günstigen Preis als auch daran, dass älterer Waschbeton – im Gegensatz zum Naturstein – oft weit weniger attraktiv aussieht.

Waschbeton & Co.

Alte Waschbetonplatten wurden früher sehr gerne in allen möglichen Größen verlegt. Heute haben sie an Attraktivität eingebüßt und werden nur noch selten als Bodenbelag verwendet. Wer alte Platten hat, kann sie mit einer rauhen Bürste, einem Schrubber oder einem Hochdruckreiniger zunächst gründlich von Staub, Moos und Schmutz befreien. Manchmal ist es besser, diese Arbeit noch vor dem Herausnehmen der Platten zu verrichten, als später jede einzelne Platte zu behandeln. Erst nach dem Reinigen hebt man sie auf und lagert sie an einem günstigen Platz. Nachdem die gebrochenen Platten ausgemustet wurden, kann man nun ausmessen, wieviel Quadratmeter zur Weiterverarbeitung verbleiben.
Für die neu zu pflasternde Fläche wird evtl. eine neue Randbefestigung, ein neuer Unterbau oder eine Tragschicht erforderlich sein.

Waschbeton ist zwar aus der Mode gekommen, doch wer noch die selteneren runden Platten findet, kann sie gut in Schrittlänge zwischen Stauden setzen.

Oben: Pflasterklinker wird außen mit einer erdfeuchten Betonschürze abgestützt; innen verlegt man zuerst die Klinker, dann die Waschbetonplatten auf ein Splittbett. Spezieller Pflasterfugenmörtel wird als Abschluss oberflächenbündig eingekehrt und härtet selbstständig aus.

Waschbetonplatten im Rasen (rechts) oder kombiniert mit Kies (unten) werden auf einer groben Betonschicht aufgesetzt und die Fugen anschließend mit Erde und Grassamen oder Sand bzw. Splitt gefüllt.

Als Rand können Natursteinpflaster oder Klinker ein- oder zweireihig in Beton gesetzt werden, um der Fläche Halt zu geben und auch um einen Wasserablauf zu ermöglichen. Für den Unterbau füllt man die Fläche ca. 5–10 cm hoch mit grobem Splitt auf, der nach Möglichkeit mit der Hand oder einer Maschine verdichtet werden sollte. Der Unterbau muss dazu absolut eben sein und ein Gefälle für einen späteren Wasserablauf haben. Auf diese Schicht kommt noch einmal ca. 5 cm feiner Splitt oder Sand, der als Verlegebett dient. Je nach Nutzung werden die Platten zum Teil auch nur auf eine Sandschicht verlegt.
Die Platten werden so gesetzt, dass sich ein gerader, gleichmäßiger Fugenverlauf ergibt. Formsteine werden »vorwärts« verlegt – dies betrifft Waschbetonplatten, Klinkersteine und Betonsteine. Natursteine verlegt man »rückwärts«, doch in der Kombination mit Formsteinen nimmt man darauf keine Rücksicht.
Verschiedene Steinmaterialien haben oft unterschiedliche Stärken. Deshalb erfordert das Verlegen einen Höhenausgleich mit dem Feinsplitt oder mit Sand. Eine Richtlatte und eine gespante Schnur erleichtern die Arbeit, die etwas Erfahrung und Übung bedarf. Gummihammer, Kelle, Knieschoner und Geduld lassen die Arbeit Stück für Stück vorwärtsschreiten. Sollten währenddessen einmal starke Regenfälle einsetzen, kann man die Fugen sofort mit Feinsplitt oder Sand verfugen und den Rand vorübergehend mit einer Latte, einem Brett oder Baustahlmatten stützen. Das Verfugen kommt gleich nach dem Verlegen, das Abrütteln ist der letzte Arbeitsgang.
Wie und womit Waschbetonplatten (alternativ auch Betonplatten) günstig kombiniert werden können, zeigen die Grafiken auf dieser Seite.

Alte Großpflastersteine aus Granit lassen sich gut mit Kleinpflaster aus Porphyr kombinieren (rechts).

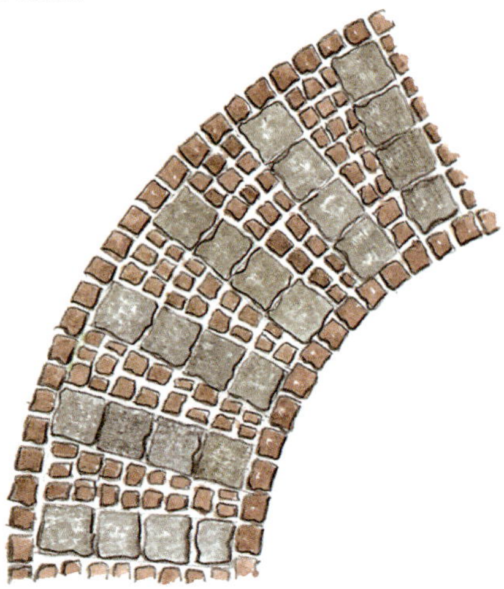

Flächenversiegelung

In manchen Städten und Gemeinden wird die gepflasterte Fläche eines Grundstücks mit den Gebühren für Abwasser und Kanal verrechnet. Das bedeutet: Je weniger versiegelte Fläche vorliegt, desto günstiger sind die anfallenden Kosten. Diesen Hintergrund sollten Grundstücksbesitzer/Innen auch bei Neupflasterungen bedenken. In manchen Städten und Gemeinden wird die Anlage nicht-versiegelter Flächen sogar speziell gefördert. Als nicht-versiegelte Flächen gelten auch jene, die offenporig sind, z. B. solche mit losen Belagsmaterialien wie Rindenmulch, Holzhäcksel, Kies und Splitt. Natürlich passt nicht jeder Belag auch zu jedem Garten; hier wird man nach Geschmack und Gebrauchsart eine persönliche Auswahl treffen.
Es gibt noch weitere Ideen, Flächen offenporig zu halten.

Ökopflaster ist ein offenporiger Formstein, dessen Material Wasser in einer bestimmten Menge durchsickern lässt. Es ist (noch) im Preis etwas höher als normales Betonpflaster und äußerlich von diesen kaum zu unterscheiden. Ökopflaster ist streusalzempfindlich!

Polygonalplatten aus Naturstein sind scherbenartig gebrochen und haben ganz verschiedene Kanten. Der Bruchsteinbelag kann mit bis zu 3 cm breiten Fugen verlegt werden. Kehrt man darin ein Humus-Sand-Gemisch statt Splitt oder Sand ein, können dort Rasengräser wachsen. Manche Stauden sind ebenso trittfest und blühen und duften sogar in diesen Nischen. Sie sind in Staudengärtnereien erhältlich. Ein vollsonniger Standort ist für diese Fugenbepflanzung erforderlich. Neben den erwähnten großflächigen Polygonal- und Bruchsteinplatten können auch normale Beläge mit größeren Fugen verlegt werden. Nur ist dann der Unterbau und die Festigkeit des Belags zu bedenken – dazu erkundigt man sich am besten bei einem Fachmann.

Als **Fugenpflanzen** sind geeignet:

- Katzenpfötchen *(Antennaria dioica)*
- Frühlingssegge *(Carex caryophyllea)*
- Kugelblume *(Globularia punctata)*
- Sandfingerkraut *(Potentilla cinerea)*
- Milder Mauerpfeffer *(Sedum sexangulare)*
- Gamander *(Teucrium chamaedrys)*
- Frühblühender Thymian *(Thymus praecox)*
- Wilder Thymian *(Thymus serpyllum)*

Warum gleich alles pflastern? Einzelne Schrittplatten, im Abstand von ca. 60 cm verlegt, lassen zwischen ihnen Lebensraum für Thymian und Polsternelken.

Wegbelag im Rasen ist auf wenig betretenen Wegen oft eine recht einfache Alternative zur Flächenversiegelung. Großflächige Trittplatten können in einen bestehenden Rasen einfach mit etwas Sandunterbau eingepasst werden. Kleinere Formsteine wie Klinker können in entsprechenden Verlegemustern ebenfalls gut wirken. Die Festigkeit ist durch eine Schicht Magerbeton als Unterbau zu erreichen.
Auf zwei Dinge ist zu achten: Die Oberkante der Platten oder Steine sollte immer ein wenig unter der Grasnarbe liegen, damit man beim

Das Bepflanzen der Fugen ist immer dann von Vorteil, wenn die Fläche nicht als Abstellplatz dient, weil die Pflanzen sonst zu wenig Sonne bekämen. Bei jeder Bepflasterung ist auch zu bedenken, dass größere Fugen das Aufstellen von Gartenmöbeln manchmal erschweren.

Hier versinken die Schrittplatten fast in der Grasnarbe. Dadurch lässt sich der Rasen problemlos mähen.

Rasenmähen einfach darüber fahren kann, und der Abstand von Plattenmitte zu Plattenmitte soll in etwa der normalen Schrittlänge eines Menschen entsprechen, nämlich ca. 60–65 cm.

Mischen von festen und lockeren Belägen ist auf nicht befahreren Wegen oder Plätzen gut möglich. Man erreicht dadurch oft eine schöne Wirkung, und zugleich kann viel Niederschlagswasser abfließen. Ein Kiesstreifen auf der Mittelspur einer Zufahrt oder die Erweiterung einer Sitzfläche durch Splitt in der Farbe der Terrassensteine sind zwei Beispiele für eine solche Gestaltung.

Ein Gefühl räumlicher Bewegung vermittelt dieser Weg aus drei verschiedenen Materialarten, der in sanftem Bogen bis zur Bank führt.

Mehr Moos als Rasen?

Auf den grünen Teppich im Garten legen die meisten Gartenbesitzer besonders viel Wert. Wen wundert es, stellt er doch eine Augenweide dar, die optisch Ruhe und Weite vermittelt und sich zusammen mit dem bunten und strukturgebenden Rahmen aus Gehölzen und Stauden zu einem harmonischen Ganzen fügt. Um diese Wirkung zu erreichen, ist eine gewisse Größe des Rasens erforderlich; unter einer Fläche von etwa 10 m^2 ist es sinnvoller, bodendeckende Pflanzen einzusetzen oder eine interessante Gestaltung mit losen oder festen Belägen zu wählen. Viele Gartenbesitzer schwärmen auch für eine bunte Blumenwiese als Rasenalternative, so wie es sie früher überall gab. Mehr dazu finden Sie auf Seite 115.

Einen Rasen beurteilen

Wohl jeder wünscht sich einen sattgrünen, dichten und gesunden Rasen. In vielen Gärten sieht das Bild des Rasens jedoch deutlich anders aus: Er ist voll mit Löwenzahn, Klee und Gänseblümchen, hat zahlreiche Stellen mit viel Moos, und die Grasnarbe ist nicht gerade dicht. Wenn ein Rasenstück längere Zeit nur wenig gepflegt wurde, zeigt sich der grüne Teppich meist in schlechter Verfassung. Was ist hier zu tun?
Wer einen wirklich schönen Rasen haben will, wie er in vielen Gartenzeitschriften und Büchern abgebildet ist, muss ihn auch pflegen. Zunächst gilt es, den Zustand des grünen Teppichs zu überprüfen. Einige Anhaltspunkte können bei der Entscheidung helfen, ob ein Rasen noch verbessert werden kann oder ob eher eine Neuansaat oder andere Alternativen zu empfehlen sind:

- Wie stark ist das Rasenstück mit artfremden Pflanzen durchsetzt, z. B. Löwenzahn, Gänseblümchen, Rot- oder Weißklee, Spitz- oder Breitwegerich, Günsel, Ehrenpreis oder Scharbockskraut?
- Wie hoch ist der eigentliche Grasanteil?
- Ist der Rasen stark vermoost?
- Gibt es in der Rasenfläche dauerhaft braune oder abgestorbene Anteile, die von zu starker Beanspruchung herrühren könnten?

Wer immer weniger Grashalme und dafür mehr Klee, Wegerich und vor allem Moos vorfindet, sollte seinem Rasen eine gründliche Kur gönnen.

- Treten Krankheiten auf, z. B. Hexenringe (ringförmig wachsende Pilze des Wiesenschwindlings) oder unregelmäßige braune Flecken durch Infektionen mit Rasenpilzen?

Beantworten Sie mehrere dieser Fragen mit ja oder merken Sie bei näherer Untersuchung, wie wenig Gras eigentlich im Rasen noch vorhanden ist, sollten Sie sich für eine Neuansaat oder Alternativen entscheiden.

Moos im Rasen

Auf überwiegend sonnigen Flächen kann Moos im Rasen entweder durch Nährstoffmangel, Bodenverfestigung oder Staunässe verursacht sein. Zumeist aber ist Schatten für die Moosentwicklung verantwortlich.
Liegt ein Rasenstück überwiegend im Schatten, vermoost auch ein neu angesäter, frischer Schattenrasen oft nach einiger Zeit. Es liegt in der Natur der Rasengräser, dass sie nur mit genügend Sonnenlicht (ca. 4 bis 6 Stunden täglich) einen dichten grünen Teppich bilden. Auf Dauer sollte man sich überlegen, die schattigen Stellen vielleicht besser mit bodendeckenden Stauden zu bepflanzen oder ganz bewusst mit den vermoosten Stellen eine eigene Gartenatmosphäre zu kreieren. Wer dem Moos etwas Gutes abgewinnen kann, will vielleicht weiches, flauschiges Moos mit zarten Farnen oder Gräsern kombinieren. Auch kleine Wasserbecken, Vogeltränken oder kleinere Skulpturen verleihen einem solchen Platz einen ganz eigenen Charakter.
Wer dagegen das Moos aus dem Rasen entfernen will, geht folgendermaßen vor: Zunächst streut man Eisensulfat (Menge siehe Herstellerangaben) auf die vermooste Rasenfläche. Nach zwei bis drei Tagen Einwirkungszeit wird das Moos gelb bis braun. Jetzt erfolgt ein kurzer Rasenschnitt, und im Anschluss daran das Vertikutieren der Fläche. Durch die Vorbehandlung mit Eisensulfat lässt sich das Moos beim Vertikutieren wesentlich besser entfernen.

Rasenrenovierung

Ausstechen der Dauerunkräuter Wenn noch genügend Substanz an Rasengräsern vorhanden ist, lohnt es sich, mit Pflegemaßnahmen den grünen Teppich wieder attraktiv zu machen. Zuerst mäht man ihn gegebenenfalls, um ihn weiter bearbeiten zu können. Dann entfernt man zunächst die Dauerunkräuter mit einem langen Unkrautstecher. Jede unerwünschte Pflanze soll mit der Wurzel herausgestochen werden, um den Gräsern wieder Platz zu machen. Diese Arbeit ist bei vielen Gartenfreunden zwar unbeliebt, stellt aber doch eine gute Alternative zu Unkrautvernichtungsmitteln dar, die man im Hausgarten möglichst weitgehend vermeiden sollte. Deren chemische Stoffe sind über lange Zeit im Boden als Rückstände vorhanden und können an Randbereichen der Rasenfläche sowie an Stauden und Gehölzen Schäden verursachen.

Rasen belüften In einem zweiten Schritt erfolgt meistens durch **Vertikutieren** des Rasens, mit dem man ihm wieder Luft verschafft. Bei diesem Vorgang wird die verfilzte und stark verwachsene Wurzelschicht der Gräser aufgerissen und dabei das dort angesiedelte Moos sowie trockene Pflanzenreste mit entfernt. Da ein Rasen nur relativ flach wurzelt und die Gräser sehr dicht nebeneinander stehen, sind deren Wurzeln schon bald stark zusammengewachsen und verfilzen. Auf dieser Schicht fühlt sich dann Moos sehr wohl, das von der dort vorhandenen Restfeuchtigkeit leben kann. Durch das Aufreißen der Wurzelschicht regt man einerseits die Gras-

> **Die beste Zeit für eine Verschönerungskur eines Rasens durch Vertikutieren oder Aerifizieren ist immer im April und Mai, wenn das Wachstum gerade einsetzt.**

Die Messer des Vertikutierers schlitzen den Filz im Rasen auf und schaffen Platz und Luft für die eigentlichen Rasengräser.

wurzeln zur Verzweigung an, was wiederum frisches Wachstum der Gräser bewirkt; andererseits entzieht man dem Moos die günstigen Lebensvoraussetzungen. Aus diesen Gründen wird die Arbeit des Vertikutierens den Liebhabern eines schönen Rasens regelmäßig einmal im Jahr begleiten.
Außer einem Rechen sind zum Vertikutieren auch Hand- oder spezielle Motorgeräte einsetzbar. Wer deren Wirkung noch verstärken will, kann sich von einer Firma für Sportplatzpflege oder den Greenkeepern der Golfplätze Igelwalzen ausleihen. Mit diesen Walzen drückt man während des Schiebens lauter kleine Löcher in die Grasnarbe. Unter Fachleuten wird dies auch als »**Aerifizieren**« bezeichnet. In einem zweiten Arbeitsgang füllt man mit einem Düngerstreuer oder mit Schaufel und Schubkarren scharfkantigen Sand in die entstandenen Löcher. Der Sand belüftet die Wurzelschicht zusätzlich. Sand kann übrigens auch nach dem Vertikutieren mit der Hand ausgestreut werden.

Im Handel gibt es Mittel, die einen vermoosten oder verfilzten Rasen durch chemische Zusatzstoffe und ohne Handarbeit zu einer Top-Qualität bringen sollen. Nur gute Mittel halten auch, was sie versprechen. Sie haben jedoch zwei Nachteile: Zum einen muss man die Anwendung regelmäßig wiederholen, und zum anderen sind sie relativ teuer. Handarbeit ist zunächst aufwändiger, hat aber eine länger andauernde Wirkung. Selbst wenn man einen motorbetriebenen Vertikutierer anschafft, spart man langfristig einiges an Kosten.

Nachsäen Nach dem Belüften kann man prüfen, ob evtl. eine Nachsaat an manchen Stellen sinnvoll wäre. Dafür trägt man an diesen Stellen die Grasnarbe ab, lockert den Boden und sät etwa 25–40g/m^2 Rasensaatgut nach. Das Saatgut wird oberflächlich eingeharkt, die Erde kurz festgeklopft und diese Stelle während der nächsten Wochen gut feucht gehalten.
Damit sind die Rekultivierungstätigkeiten für ein Rasenstück abgeschlossen. Jetzt fallen die gewöhnlichen Dünge-, Mäh- und Bewässerungsarbeiten an.

Rasenpflege

Düngen Wer den klassischen englischen Rasen oder einen trittfesten Sportrasen genießen möchte, der muß für eine regelmäßige Düngung sorgen. Etwa drei- bis viermal jährlich streut man mit einem Säwagen, einem Düngerstreuer oder auch mit der Hand die vom Hersteller empfohlene Menge pro m^2. Man beginnt, wenn das natürliche Wachstum im Frühling seinen Höhepunkt hat und die Rasengräser sprießen. Die weiteren Düngetermine liegen dann im Juni und im Spätsommer. Wenn es sehr heiß ist, sollte man sich auf das Wässern beschränken und das Düngen zurückstellen, denn bei hohen Düngergaben kann es in Verbindung mit Trockenheit zu **Verbrennungen** kommen. Überhaupt ist eine gemähte und gut mit Wasser versorgte Rasenfläche Voraussetzung für das Düngen.
Etwas umstritten ist eine letzte Düngung im Herbst. Die Befürworter meinen, der Rasen wäre dann auch im Winter wesentlich grüner und hätte im Frühling mehr Reserven, um kräftig auszutreiben. Die Gegner warnen vor Nährstoffauswaschungen (Nitrat) und der Gefahr von Pilzinfektionen. Wer an seinen Rasen weniger hohe Anforderungen

Um eine Vorstellung der Saatgutmenge pro m^2 zu bekommen, wiegt man die empfohlene Samenmenge auf einer Briefwaage ab und streut sie auf einer 1 m^2 großen Fläche aus.

stellt, kann mit einem ein- bis zweimaligen Düngen im Frühling und Frühsommer auskommen. Weniger Düngung bedeutet auch weniger Zuwachs und weniger Mäharbeiten. Zu wenig Nährstoffe schwächen jedoch die Gräser und stärken die Konkurrenz durch Wildkräuter und Moos. Der Zweck bestimmt also das Maß.
Das Angebot an **Rasendüngern** ist vielfältig. Gräser brauchen vorrangig Stickstoff zum Wachstum, was in mineralischen Rasendüngern (Kunstdünger) auch hauptsächlich enthalten ist. Dazu kommen noch Anteile von Phosphor und Kalium. Recht günstige Dünger haben diese Anteile in leicht löslicher Form.

Mit ein bis zwei Düngergaben kommt man bei sogenannten Langzeitdüngern aus. Sie enthalten langsam wirkende Nährstoffe, die witterungsabhängig abgegeben werden.

Organische Dünger, die sich meist aus Horn-, Knochen- und Blutmehl zusammensetzen, werden langsam freigesetzt. Sie brauchen dazu entsprechende Witterung und vor allem Bodenorganismen. Das kann im Frühling zu einer verzögerten Düngewirkung führen. Die dritte Gruppe der Rasendünger ist eine Mischform von beiden, man nennt sie auch synthetisch-organische Dünger.

Kalken Für den Rasen ist unter Umständen auch einmal im Jahr eine Art Bodendüngung mit kohlensaurem Kalk sinnvoll. Dafür sollte man den pH-Wert des Bodens kennen, der mit dem Kalkgehalt eng verbunden ist. Er gibt Aufschluss über den Säuregrad und wird in einer 14teiligen Skala angegeben. Werte unter 6,5 kennzeichnen einen sauren Boden, 6,5 bis ca. 7 sind neutrale Werte und über 7 spricht man von basischen (alkalischen) Bodenreaktionen.
Der Säuregrad bestimmt die Aufnahmefähigkeit verschiedener Nährsalze. Liegt er unter pH 5,5–6, kann eine jährliche Kalkung im zeitigen Frühling oder Herbst den Rasen gesund erhalten und zum Teil sogar das Moos etwas eindämmen. Das bedeutet aber nicht, das man gegen Moos Kalk streuen kann und es damit ein für allemal los hätte. Kalk beugt Moosbefall etwas vor, doch ein regelmäßiges Vertikutieren bzw. Aerifizieren verhindert es zuverlässiger.

Mit im Handel erhältlichen Teststreifen oder Testpackungen kann man den Kalkgehalt oder pH-Wert des Bodens relativ schnell und günstig zu jeder Jahreszeit überprüfen.

Mähen In den meisten Hausgärten ist ein Mähturnus von etwa zwei bis vier Wochen in der Hauptwachstumzeit die Regel. Stark strapazierte Flächen auf Golfplätzen werden dagegen oft jeden zweiten Tag mit hochwertigen Spindelmähern geschnitten; das sehr kurze und feine Mähgut kann an Ort und Stelle abtrocknen und dient zugleich als guter Stickstoffdünger. In lang anhaltenden Regenzeiten kleben die feinen Grasreste jedoch zusammen und werden dann doch mit einem Fangkorb gesammelt.
Wer dagegen nur etwa einmal alle zwei Wochen oder seltener zum Rasenmäher greift, kann entweder die langen Grashalme in einem Fangsack auffangen oder sie mit der Hand abrechen und sie anschliessend als dünne Mulchschicht unter Sträuchern oder hohen Stauden verteilen. Die Betonung liegt dabei auf **dünne Schichten**, die am besten noch abgetrocknet sein sollten.
Bei größeren Rasenflächen lohnt sich die Anschaffung eines hochwertigen Mähers, um sich die Arbeit so einfach wie möglich zu gestalten. Besonders an Hanggrundstücken werden die Qualitätsunterschiede recht deutlich; hier empfiehlt sich ein Spindelmäher mit Radantrieb. Grasflächen, die etwas verwildern dürfen, können unter Umständen mit leistungsstarken Rasenmähern mit zwei- bis dreimaligen Durchgängen bewältigt werden. Für spezielle Wildblumenwiesen ist man mit einem Balkenmäher am besten beraten, bei kleineren Flächen mit der Sense oder einer Motorsense.
Der **richtige Mähzeitpunkt** ist dann gekommen, wenn das Gras die entsprechende Höhe hat und leicht abgetrocknet ist. In Perioden mit langen Regenzeiten oder starker Hitze sollte man dagegen auf das Mähen verzichten.

Bewässerung Ob und wieviel eine Rasenfläche gegossen wird, liegt an den Ansprüchen der Benutzer. Für einen Topp-Rasen werden Sie in Trockenzeiten ohne eine Beregnung nicht auskommen, ein einfacherer Rasen

Zur Rasenpflege gehört auch das Beregnen. Dabei können ruhig ein bis drei Liter Wasser pro m² einsickern.

braucht diesen Aufwand nur im Notfall. Jeder Rasen erholt sich nach einer Hitzeperiode im Normalfall von alleine, doch ist natürlich ein leicht gelblicher Rasen vom Anblick her nicht mit einem saftiggrünen Teppich vergleichbar.
In Hitzeperioden sollte man auf keinen Fall düngen, selbst wenn das Rasenstück bewässert wird. Die Pflanzen könnten Schäden zeigen, ähnlich wie wenn sie vertrocknet wären. Wie und wieviel bewässert wird, richtet sich wiederum nach den Wünschen an die Rasenfläche. Wer viel Wert auf eine dichte grüne Grasfläche legt, wird sich für einen Regner (gut sind Viereckregner) zum Aufstellen, bei einer Rasenneuanlage vielleicht sogar zu einer versenkbaren Variante entschließen. Sonst genügt ein einfacher Kreisregner, der an den Gartenschlauch angeschlossen wird. Gleich welches System gewählt wird: Es ist für den Rasen günstig, lieber weniger oft, aber durchdringend am Abend oder Morgen zu wässern.

Neuansaat Wenn ein altes Rasenstück mit allen Pflegemaßnahmen nicht wieder in Schwung kommt, wird man sich zu einer Neuansaat entschließen, am besten im Frühling. Zur Vorbereitung können die Grassoden im Herbst davor schon abgetragen und der Boden grob gewendet werden. Dabei kann man gleich den Dauerunkräutern zu Leibe rücken und sie mit ihren oft tiefreichenden Wurzeln herausziehen oder ausgraben. Die grobschollige Erde bleibt dann dem Frost überlassen, der sie über den Winter zu feinen Krümeln verarbeitet. Damit kann im Frühling mit der Ansaat begonnen werden. Es gibt viele Rasentypen und -mischungen, die aus unterschiedlichen Mengen bestimmter Rasengräser zusammengesetzt sind.
Je nach Zweck des Rasenstücks ergibt sich die Auswahl der Rasenmischung, z. B. als Strapazierrasen, Englische Mischung, Spielrasen, Zierrasen, Schattenrasen (für Halbschatten!). Etwa 25–30 g Rasensaatgut/m² sollte man rechnen. Die Samen werden locker eingerecht, angewalzt und in den folgenden Wochen gegossen. Ist ein dünner Rasenflor gewachsen, mäht man ihn mit ca. 8–10 cm Schnitthöhe nicht allzu kurz und lässt ihn dann wieder nachwachsen. Nach einigen Wochen ist er so dicht geworden, dass er gut betreten werden kann. Vor dem Aussäen wird am besten ein guter Vorratsdünger eingearbeitet, und nach dem Einwachsen ein zweites oder drittes Mal nachgedüngt.

Rechts: Mit dem Streuwagen lässt sich das Rasensaatgut gleichmäßig auf die Fläche verteilen, dabei nicht zu grob einstellen. Das Anwalzen ist der letzte Arbeitsschritt.

Rasen oder Blumenwiese?

Vielleicht passt für Ihren Garten gar nicht nur ein Zierrasen, sondern eine üppig blühende Blumenwiese oder die Zwischenform, ein Kräuterrasen? Die folgende Aufstellung gibt Ihnen eine Übersicht über die Zusammensetzung, die Pflege und die Vorteile der drei grünen Varianten.

(Zier-)Rasen

- Er besteht überwiegend aus Gräsern.
- Rasen ist dauerhaft zu betreten und wird regelmäßig kurz gemäht, gedüngt und gewässert; es ist nur der Wuchs von Gräsern erwünscht.
- Rasen wurzelt flach und kann an jedem sonnigen bis halbschattigen Standort angelegt werden; um ihn zu erhalten ist, regelmäßige Pflege Voraussetzung.
- Pflegeaufwendig.
- Für kleine und mittelgroße Gärten gut geeignet.

Kräuterrasen

- Er setzt sich aus Gräsern und bestimmten Wildblumen (Kräutern) zusammen, die sich trotz des Mähens durchsetzen können.
- Er ist ein robuster Trittrasen, der seltener als ein Rasen gemäht und gepflegt wird. Und er kann sogar gelegentlich blühen (Löwenzahn, Gänseblümchen).
- Ein Kräuterrasen wurzelt mit seinen Gräsern flach, mit den Kräutern tiefer; man muss auf ein Gleichgewicht zwischen Gräsern und Kräutern achten.
- Etwas Pflegebedarf.
- Für kleine und mittelgroße Gärten geeignet.

Blumenwiese

- Sie besteht aus einer artenreichen Pflanzengemeinschaft aus Wildblumen und Gräsern.
- Wiesen sind weniger zum Betreten und Spielen geeignet, sondern vielmehr als Augenweide. Nach der ersten Hauptblüte (Juni) wird das erste Mal gemäht; eine zweite und dritte Mahd folgt bis zum Herbst. Es wird nicht gedüngt und gewässert.
- Wiesen haben ein tiefes und weites Wurzelsystem durch die Artenvielfalt. Normale Wiesen wachsen schnell. Artenreiche Blumenwiesen sind nur mit Geduld und einer genauen Kenntnis des Standortes und den dafür passenden Wiesenstauden anzulegen; als Variante können einjährige Wiesenblumenmischungen einer nur grünen Wiese Farbe geben.
- Pflegearm.
- In größeren Gärten als Randflächen vor Hecken, an Grundstücksgrenzen oder für wenig genutzte Bereiche.

Links oben: Ein saftig grüner Rasenteppich gelingt auf Dauer nur, wenn regelmäßig gedüngt, gewässert und vertikutiert wird.

Rechts: Üppig blühende Blumenwiesen gelingen am besten auf einem abgemagerten Boden.

Links unten: Wer es mit der Pflege eines Rasens nicht so genau nimmt, lässt Gänseblümchen und Löwenzahn mitwachsen.

Rasenflächen verkleinern

Manchen Gartenbesitzern ist es auf Dauer zu mühsam, den hohen Pflegeaufwand eines makellosen Zierrasens beizubehalten, vor allem,

Ein gut gepflegter Rasen bildet oft das Kernstück eines schönen Gartens. Wer den Pflegeaufwand dafür verringern möchte, kann die Rasenfläche vom Rand her verkleinern und dafür pflegeleichte Stauden pflanzen.

wenn die Fläche relativ groß ist. Aber auch optische Gründe (eine große Rasenfläche kann auch langweilig wirken) können zu der Entscheidung führen, Rasenflächen umzuwandeln und zu verkleinern. Für »rasenmüde« Gärtner und Gärtnerinnen bieten sich mehrere Lösungen an.

- **Gartenpflegefirmen** können die Rasenpflege gegen einen festen Preis/m² übernehmen, ganz nach Wunsch und Bedarf. Damit bleibt er in Form, und die Gartenliebhaber können sich anderen Arbeiten widmen.
- Wird die eigentliche Rasenfläche verkleinert, verringert sich auch der Pflegebedarf. Der Randbereich der Rasenfläche kann dann – besonders, wenn der Garten in eine freie Landschaft ausläuft – z. B. zu einer Blumenwiese werden. Dadurch spart man sich das Düngen, Wässern und Vertikutieren; gemäht werden muß trotzdem, doch nur ein- bis zweimal im Jahr.
  Um eine **Blumenwiese** vorzubereiten, sollte man ein bis zwei Jahre vorher schon weniger oft mähen und nicht mehr düngen. Erst etwa ab dem 3. Jahr genügt dann eine zwei- bis dreimalige Mahd im Jahr. Zunächst wird die Wiese nur grün aussehen, weil der Düngevorrat im Boden die Gräser stärker als Wiesenblumen fördert. Erst langsam magert der Boden ab, und durch Samenflug beginnen sich Wildblumen einzufinden. Wer die Farben vermisst, kann einzelne Quadratmeter Boden aufgraben und im Frühling bunte Blumenwiesen-Samenmischungen mit Klatschmohn, Kornblume und einjähriger Margerite einsäen. Dies bewirkt meist nur eine vorübergehende Blütenfülle, denn die Samenmischungen bestehen überwiegend aus einjährigen Arten, die also nur einmal blühen. Sie samen sich zwar aus, doch ob es im nächsten Jahr wieder zur Keimung kommt, ist ungewiss. Mehrjährige standorttypische Blumen (in Wildblumen-Gärtnereien erhältlich) kann man auch gezielt einpflanzen bzw. aussäen. Um rascher (und sicherer) zu einer Blumenwiese zu kommen, sollte man den Rasen mitsamt der oberen Bodenschicht abtragen, den Boden mit Sand abmagern und darauf eine gute Blumenwiesenmischung einsäen.
- Eine weitere Lösung besteht im **Verkleinern des Rasens Stück-für-Stück**. Vom Rand her pflanzt man stattdessen bodendeckende und pflegeleichte Stauden sowie Kleinsträucher. Beide muss man nur gelegentlich zurückschneiden und überlässt sie ansonsten sich selbst. Geeignet sind auch »Rasenersatzpflanzen«, flach wachsende Stauden, die auch einmal betreten werden können. Doch ist damit keinesfalls ein Spielrasen zu ersetzen, denn diese Pflanzen sind dafür doch zu empfindlich.

Die Hälfte des ehemaligen Rasens ist durch blühende Stauden, Rosen und eine zweite Sitzfläche ersetzt worden.

1 Blaugras *(Sesleria caerulea)*
2 Bodendeckerrose
3 Lavendel *(Lavendula angustifolia)*
4 diverse Frühlingssträucher
5 Berberitzenhecke *(Berberis thunbergii* 'Atropurpurea')
6 Holzspaliere mit weißen Kletterrosen berankt
7 Bärenfellschwingel *(Festuca scoparia)*
8 Ehrenpreis *(Veronica teucrium)*
9 Frauenmantel *(Alchemilla mollis)*
10 + 11 Waldreben *(Clematis alpina* und *C.*-Hybriden)
12 Sternmoos *(Sagina subulata)*
13 Tränendes Herz *(Dicentra spectabilis)*
14 + 15 Teppichthymian in Violett und Weiß *(Thymus serpyllum)*
16 Immergrün *(Vinca minor)*
17 Kompostplatz
18 Liguster *(Ligustrum ovalifolium)*
19 Sommerblumenrabatte

Vorher

Der ursprüngliche Reihenhausgarten bestand vor allem aus Frühlingssträuchern, einer Zierkirsche als größerem Baum, viel Rasen und einem Kompostplatz.

Nachher

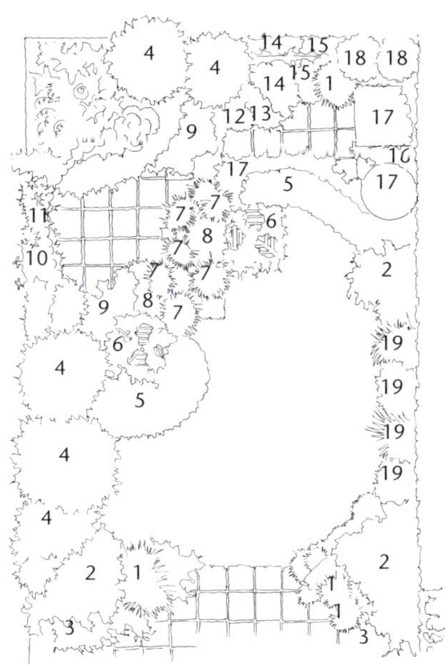

Vorher

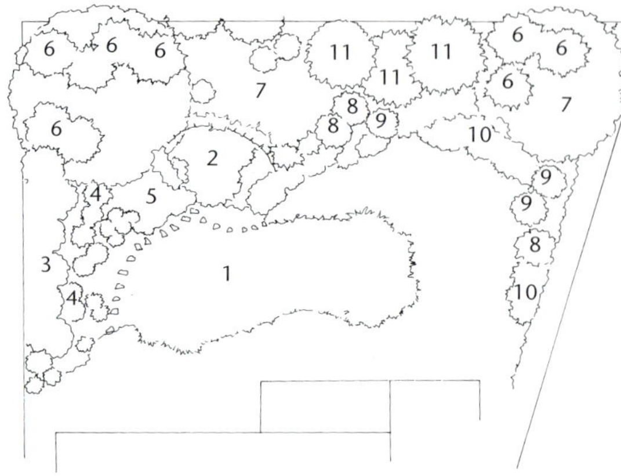

N

Dieser Garten mit seiner großen Rasenfläche, mit Schaukel und Sandkasten sollte neu gestaltet werden, da die Spielfläche nicht mehr gebraucht wurde. Ziel der Umgestaltung war es, den Rasen zu verkleinern und die Randbereiche aufzuwerten, wobei die Bäume und Sträucher erhalten bleiben sollten. Jetzt sind ein großzügig bepflanzter Teich (1), ein auf kiesigem Untergrund verlegter Weg zu einem Sitzplatz mit angrenzender Trockenmauer (2) und in Hülle und Fülle pflegeleichte Staudenflächen und einzelne Gehölze in den Mittelpunkt gerückt. Neben der Strauchrosenreihe (3) wachsen Pfeifengras (4), Frauenmantel und Ehrenpreis (5). Die Kulisse im Hintergrund füllen Eiben (6), Storchschnabel und Taubnesseln in verschiedenen Sorten (7). Zusätzlich bringen Falscher Jasmin (8), Zwergflieder (9), Kartoffelrosen (10) und blühende Sträucher (11) Farbe in den Garten.

Nachher

Ganz überraschend und optimal platziert, rückt am Wegrand inmitten von Rittersporn und Rosen eine verträumte Steinplastik ins Blickfeld.

Blickpunkte schaffen

Das Interesse des Menschen soll auch in einem Garten immer wieder neu geweckt werden. In einer überwiegend ruhigen Fläche eignen sich dazu vor allem Blickpunkte. Darunter versteht man einzelne, optische Höhepunkte, die sich vom sonstigen Umfeld abheben. Da der Garten im Jahreslauf ein unterschiedliches Aussehen hat, werden auch die jeweiligen Höhepunkte nicht immer gleich wirken. Feste Elemente wie schöne Gebäude (Gartenpavillon, Gartenhäuschen), Mauern, Zäune, Pergolen, Lauben, Durchgänge und Gartenskulpturen verändern zwar auch im Frühling, Sommer und Herbst ihr Aussehen nicht, sind andererseits aber beständige Begleiter der um sie wachsenden Pflanzenwelt. Eine feste formale Struktur kann auch mit immergrünen Pflanzen erreicht werden, etwa einer akkurat geschnittenen Buchsbaum- oder Eibenhecke.
Andere Blickpunkte sind zwar wiederum beständig, doch nicht immer präsent. Zwei Beispiele: Ausgefallene Gartenmöbel sind vielleicht in der warmen Jahreszeit ein schöner Blickfang, werden im Winter aber untergestellt. Andererseits können sich interessante Steine oder Wurzeln erst in der Winterzeit von ihrer Umgebung deutlich abheben. Die überraschendsten Höhepunkte aber sind Pflanzen, die durch ihre berauschenden Farben im Austrieb, ihre Blüte oder durch die Herbstfärbung den Blick der Betrachter automatisch anziehen. Viele Pflanzenliebhaber warten geradezu auf den Tag, an dem sich z. B. die ersten Magnolienblüten öffnen oder eine Rose ihren ersten Duft verbreitet. Pflanzen sprechen unsere Sinne besonders deshalb an, weil sie nicht statisch und immer berechenbar sind, sondern uns durch ihre Lebendigkeit immer wieder neu überraschen.

Schmuckobjekte geschickt platzieren

Ganz gleich, mit welchen Mitteln man nun die Aufmerksamkeit in der entsprechenden Jahreszeit auf bestimmte Blickpunkte lenkt, immer sollen die Objekte auch einen ihnen angemessenen Platz erhalten – der Rahmen sollte zum Höhepunkt passen. Wuchtige Schmuckstücke brauchen einen großzügigen Hintergrund, kleine Gefäße oder Skulpturen dagegen passen sogar noch in ein Erdbeerbeet oder eine Fläche, die mit Bodendeckern bewachsen ist.

Skulpturen und Gefäße im Garten wirken manchmal besonders gut, wenn man für sie versteckte Plätze wählt, die nur von bestimmten Blickachsen aus einzusehen sind.

Die Beispiele auf dieser Seite zeigen, wie man Schmuckobjekte und Gartenplastiken platzieren kann. Inmitten einer Pflanzung oder beidseitig eines Weges steigern sie die Wirkung eines Gartens oder Beetes um ein Vielfaches. Zeigen sie außerdem schon Spuren einer Patina, wirken sie bald wie »eingewachsen«.

Auch bei Pflanzen sollte man auf einen gut gewählten Standort achten. Eine schöne Magnolie wird zur Blütezeit in einer Hecke nicht annähernd so schön aussehen wie auf einer grünen Rasenfläche in Einzelstellung oder mit ruhigem Hintergrund.
Allgemein gesagt, passen schöne Einzelpflanzen fast immer gut an den Rand oder den Vordergrund eines Beetes, einer Hecke, eines Teichs oder von bodendeckenden Pflanzungen. Sie sollen sich auf jeden Fall aus den bestehenden Anlagen herausheben und vor allem zur Blütezeit oder zur Zeit der Laubfärbung dominieren.

Pflanzen als Blickpunkte

Es gibt Pflanzen, die allein schon durch ihren Wuchs einen Höhepunkt im Garten darstellen, sofern sie auch den Raum dafür bekommen. Die Tabellen auf Seite 121/122 sollen als beispielhafte Anregungen dienen. Ausgewählt wurden besondere Gehölze und Stauden, die bevorzugt für sich allein oder in kleineren Gruppen stehen können. Nadelgehölze sind nicht aufgeführt, weil von diesen viele Arten im Einzelstand sehr ausdrucksvoll sind. In der fernöstlichen, besonders der japanischen Gartengestaltung kommen die sehr sparsam eingesetzten Pflanzen, etwa Kiefern, durch das Umfeld oft wunderbar zum Ausdruck. Auch in unseren Hausgärten kann fast jede Pflanze unter entsprechenden Bedingungen zu einem Schmuckstück werden. Ich habe einmal eine leidenschaftliche Hobbygärtnerin kennengelernt, die unbedingt eine Araukarie in ihrem Vorgarten haben wollte. Araukarien sehen bizarr aus, sind aber vor allem im Jugendalter sehr frostempfindlich. Trotzdem schreckte das die Pflanzenliebhaberin nicht ab; sie ließ sich über 15 Jahre lang in jedem Winter ein kleines Gerüst um ihre Pflanze bauen, das mit Strohmatten abgedeckt wurde. Mit diesem Aufwand wurde die Pflanze ein Prachtexemplar und weit über die Kleinstadt hinaus bekannt.

Kleine bis mittelgroße Bäume als Blickpunkte im Garten

Deutscher Name	Botanischer Name	Besonderheiten
Roter Schlangenhaut-Ahorn	*Acer capillipes*	rötliche Herbstfärbung, grüne Rinde mit weißen Längsstreifen
Fächerahorn	*Acer palmatum*	je nach Sorte grünes oder rotes Laub und rote Herbstfärbung
Kugelahorn	*Acer platanoides* 'Globosum'	kugelförmige Krone, gelbe Herbstfärbung
Hängebirke	*Betula pendula* 'Youngii'	zum Teil bodenlange Triebe, die von einer ca. 3–5 m hohen Krone herabhängen, weiße Rinde
Trompetenbaum	*Catalpa bignonioides*	weiße Blüten im Sommer, gelbe Herbstfärbung
Hängebuche	*Fagus sylvatica* 'Pendula'	großer Baum mit viel Platzbedarf, Seitenäste weit überhängend, Zweige z. T. bis auf den Boden, rot- und grünblättrige Sorten
Amberbaum	*Liquidambar styraciflua*	ahornähnliche Blätter mit roter Herbstfärbung, braucht Platz zur Entfaltung
Magnolie	*Magnolia kobus* und *M.* x *soulangiana*	prächtige Blütenbäume mit weißer oder rosa Blütenpracht im Mai
Zierapfel	*Malus* x *purpurea* und *M.*-Hybriden in vielen Sorten	rosa oder weiße Blüten im Mai, oft auffallend bunte Zierfrüchte
Parrotie	*Parrotia persica*	auffallend gelb-orangefarbene Herbstfärbung, wächst auch in die Breite
Blutpflaume	*Prunus cerasifera* 'Nigra'	Blätter vom Austrieb bis zum Laubfall schwarzrot gefärbt
Japanische Blütenkirsche	*Prunus subhirtella* 'Autumnalis'	blüht im Spätherbst und oft im April ein zweites mal weißlich-rosa
	P. subhirtella 'Pendula'	auffallender Wuchs mit breit abstehenden Ästen und bogenförmig hängenden Zweigen, blüht hellrosa im Mai, gelb-rote Herbstfärbung
Ebereschen	*Sorbus americana, S. aria, S. aucuparia, S. serotina*	alle Ebereschen haben auffallend rote oder orangenen Fruchtschmuck im Sommer oder Herbst
Goldulme	*Ulmus minor* 'Wredei'	schmal und hoch wachsender Baum mit gelbgrünem Laub

Mittelgroße bis große Sträucher als Blickpunkte im Garten

Deutscher Name	Botanischer Name	Besonderheiten
Feuerahorn	*Acer ginnala*	überhängende Zweige, rote Herbstfärbung
Fächerahorn	*Acer palmatum* in Sorten	mehrstämmig, rote Herbstfärbung
Felsenbirne	*Amelanchier laevis* *A. lamarckii*	weiße Blüten, rote Herbstfärbung
Schönfrucht	*Callicarpa bodinieri*	violette, perlenartige Beeren im Herbst
Gewürzstrauch	*Calycanthus floridus*	braunrote, duftende Blüten im Sommer
Blumenhartriegel	*Cornus florida* *C. florida* 'Rubra'	weiße bzw. rosa Blüten im Mai, rote Herbstfärbung
Japanischer Blumenhartriegel	*Cornus kousa* und *C. nuttallii*	weiße Blüten im Mai, rosa Früchte im September, rote Herbstfärbung

Deutscher Name	Botanischer Name	Besonderheiten
Korkenzieherhasel	*Corylus avellana* 'Contorta'	gelbe Blütenkätzchen im März, gedrehte Triebe
Zaubernuss	*Hamamelis* x *intermedia, H. japonica, H. mollis*	rostfarbene oder gelbe Blüten im Winter, wächst langsam, gelbe Herbstfärbung
Eibisch	*Hibiscus syriacus*	weiße, rosa oder violette Blüten im Sommer und Herbst, braucht Wärme
Rispen-Hortensie	*Hydrangea paniculata*	große, weiße Blüten im Juni
Stechpalme	*Ilex aquifolium* in Sorten	immergrüne Blätter mit stacheligem Rand, im Herbst und Winter rote Beeren
Goldregen	*Laburnum* x *watereri* 'Vossii'	wächst überhängend, gelbe Blütentrauben im Mai, Früchte sind giftig
Strauchrosen	*Rosa*-Hybriden	einmal- bis dauerblühende Sorten in großer Farbauswahl, z. T. mit schönen Hagebutten
Hängende Kätzchenweide	*Salix caprea* 'Pendula'	erste Blüten im Frühling, Äste hängen bogenförmig nach unten
Japanische Drachenweide	*Salix matsudana* 'Setsuka'	flache Zweigenden wirken bizarr und sind verbändert; Blüten als Kätzchen im März
Flieder	*Syringa* in vielen Arten	auffallende, duftende Blüten im Frühling oder Sommer je nach Art und Sorte, große Farben-Vielfalt
Schneeball	*Viburnum* x *bodnantense, V. farreri*	rosa, duftende Blüten im Winter
	V. x *burkwoodii, V.* x *carlcephalum V. carlesii*	weiße, runde Blüten im Frühling, zum Teil wintergrün

Einzelstauden als Blickpunkte im Garten*

Deutscher Name	Botanischer Name	Besonderheiten
Stockrose	*Alcea rosea*	Große Stauden bis 200 cm Höhe, Farbe je Sorte verschieden, brauchen volle Sonne
Geißbart	*Aruncus dioicus*	gedeiht im Schatten und Halbschatten, creme-farbene Blüten im Sommer, Höhe bis 170 cm
Rittersporn	*Delphinium*-Hybriden *D.*-Belladonna-Hybriden *D.*-Cultorum-Hybriden	Solitärpflanzen mit bis zu 180 cm Höhe in unterschiedlichen Farben; Blütezeit ab Juni, nach Rückschnitt Nachblüte möglich
Steppenkerze	*Eremurus robustus*	Blüten in großer Traube in Weiß, gelb oder rosa, bis 200 cm hoch, braucht Trockenheit
Mammutblatt	*Gunnera tinctoria*	Blattschmuckstaude mit großen Einzelblättern
Funkie, Hosta	*Hosta* in vielen Arten	Blattschmuckstaude mit herzförmigen Blättern in verschiedenen Farbnuancen und Höhen
Kreuzkraut	*Ligularia* x *hessei* und *L. przewalskii*	gelbe Blüte im Sommer, oft große Blätter, braucht Feuchtigkeit
Pfingstrose	*Paeonia lactiflora* und *P. officinalis*	Pfingstrosen sind sehr langlebige Solitär-stauden, die in weiß, rosa oder violettrot blühen
Schaublatt	*Rodgersia podophylla, Astilboides tabularis*	Blattschmuckstauden für kühle, schattige Standorte
Palmlilie	*Yucca filamentosa*	immergrüne Staude mit auffallend großen, weißen Blütenschäften, braucht sonnigen Platz

* Auch viele größere Farne und Gräser eignen sich hervorragend als Einzelpflanzen; sie sind hier nicht extra aufgeführt.

Farbe in den Garten bringen – mit buntlaubigen Pflanzen

Für den Garten sucht man gerne ausgefallene Pflanzen, die mit ihren Blüten, Früchten oder der Herbstfärbung hervorstechen. Ist die Zeit der Hauptattraktionen dann vorüber, überwiegen oft reine Grüntöne in den jeweiligen Gartenbereichen. Wenn zu dieser Zeit an anderen Stellen – geplant oder vielleicht sogar zufällig – andere Blickpunkte hervortreten, dann beruhigt das Grün, wirkt ausgleichend und entspannend und ergibt einen ruhigen Hintergrund. Bleiben manche Gartenecken aber über längere Zeit ohne Abwechslung, empfinden viele Gartenbesitzer diesen Teil zurecht als trist und zu langweilig.

Optisch gut plazierte Gartenaccessoires sind für die »nur grünen Stellen« eine Möglichkeit, dort für mehr Abwechslung zu sorgen (siehe Seite 199 f.). Ebenso können jedoch schöne Einzelpflanzen solche Plätze im Garten aufwerten. Die dritte Möglichkeit soll hier näher erläutert werden: **Blattschmuckpflanzen** bringen (fast) ohne Blüten dauerhaft mehr Farbe in den Garten.

Zu den Blattschmuckpflanzen zählen alle Laub- und Nadelgehölze sowie Stauden, die sich durch ihre auffallend gefärbten Blätter bzw. Nadeln zumindest in der Vegetationszeit von den anderen Pflanzen abheben. Sie sorgen für farbige Abwechslung. Dies bedeutet, dass aber **auch die Farbe Grün** in eine Gestaltung mit einzubeziehen ist, damit die Pflanzenzusammenstellungen nicht zu künstlich wirken.

Nehmen wir z. B. eine rotblättrige Berberitze. Steht sie in Begleitung grünblättriger Sträucher, erhält das dunkle Rot ihrer Blätter mit dem Grünton der Nachbarn erst einen entsprechenden Kontrast. Würden wir diese Berberitze neben eine Blutpflaume mit ihrem schwarzrotem Laub setzen, würde sie sich dort kaum abheben.

Ausdrucksvolle Farben, wie Rot, leuchtendes Gelb oder Orange, sind mit Vorsicht bei der Gartengestaltung einzuplanen. Fleckenweise lassen sie sich gut in einen sonst grünen Hintergrund einbauen. Zuviel Farbe kann jedoch verwirren oder knallig bzw. kitschig-bunt wirken. Einzeln oder in einer bedachten Zusammensetzung kommen leuchtende Töne dagegen viel besser zur Geltung.

Ganz ohne Blüten kommen mit dieser gelbgrünen Funkie und der rotblättrigen Schaumblüte *(Tiarella cordifolia)* leuchtende Farben in schattige Gartenbereiche.

Reiche Auswahl an Stauden und Gehölzen

Die Auswahl der mit Blattfarbe zierenden Laubgehölze und Stauden ist begrenzt. Gängige Pflanzen, wie die schon erwähnte rotblättrige Berberitze, wird man mühelos im Gartencenter bekommen. Ausgefallene Arten und Sorten, wie etwa eine Iris mit weißbunt gestreiften Blättern *(Iris pseudacorus* 'Variegata'), sind dagegen am sichersten in Staudengärtnereien oder Baumschulen mit einem größeren Sortiment zu erhalten.

Bei Nadelgehölzen ist die Auswahl an gelben, blaugrauen oder gelbgrünen Arten bedeutend größer. Daher wird man manchmal ein immergrünes Nadelgehölz leichter in eine Pflanzung einbauen können, das zudem noch rund ums Jahr seine Aufgabe als Farbträger beibehält. Größere Nadelgehölze sollten bevorzugt einen Platz als Solitär einnehmen können. Eine gelungene Verbindung mit bodendeckenden Pflanzen ist immer möglich (z. B. mit Heidekraut in der Sonne bzw. mit Efeu oder Immergrün im Schatten). In einem Teppich aus bodendeckenden Stauden lassen sich interessante Nadelgehölze einzeln oder in kleinen Gruppen pflanzen und können sich dort ohne Konkurrenz ausbreiten.

Bei buntlaubigen Sträuchern hat man mehrere Möglichkeiten. Entweder man kombiniert sie mit Blütengehölzen, oder man setzt sie alleine bzw. in kleinen Gruppen in eine niedrige Bepflanzung oder direkt in die Rasenfläche. Bäume mit auffallendem Laub brauchen dagegen wie die Nadelgehölze einen Raum, um ihre volle Schönheit entfalten zu können.

Rotlaubige Bäume und Sträucher

Deutscher Name	Botanischer Name	Besonderheiten
Kolchischer Spitzahorn	*Acer cappadocicum* 'Rubrum'	Baum bis 15 m Höhe, im Austrieb Blätter rötlich, später vergrünend
Fächerahorn	*Acer palmatum* 'Atropurpureum'	Strauch bis ca. 5 m Höhe, Blätter rot, oft mehrstämmig
Schlitzahorn	*Acer palmatum* 'Dissectum Ornatum' und 'Dissectum Nigrum'	sehr filigraner Stauch mit 1–2 m Höhe, Laub dicht zerschlitzt und dunkelrot
Blutahorn	*Acer platanoides* 'Faassen's Black'	Solitärbaum bis ca. 15 m Höhe, runde Krone, tief dunkelrote Blätter
	'Schwedleri'	diese Sorte vergrünt später
Blutberberitze	*Berberis* x *ottawensis* 'Superba'	breitwachsender Strauch, Höhe bis ca. 3 m dunkelrotes Blatt, Herbstfärbung orange
Rotblättrige Heckenberberitze	*Berberis thunbergii* 'Atropurpurea',	Strauch mit ca. 2 m Höhe und Breite, dunkelrotes Laub, Herbstfärbung rot
	'Atropupurea Nana'	wie oben, nur kleiner, Höhe und Breite 1,5 m
Bluthaselnuss	*Corylus maxima* 'Purpurea'	Strauch mit einer Höhe und Breite von 2–4 m, Blätter tief dunkelrot, Blütenkätzchen rot
Perückenstrauch	*Cotinus coggygria* 'Royal Purple'	Strauch bis 4 m hoch, dunkelrotes Laub, blüht im Sommer rosa
Blutbuche	*Fagus sylvatica* 'Swat Margret'	Baum bis 20 m Höhe und entsprechend breit, dunkelrotes Laub
Hänge-Blutbuche	*Fagus sylvatica* 'Purpurea Pendula'	Baum ca. 10–15 m hoch und oft breiter als hoch, Äste hängen bogenförmig nach unten, Blätter tief dunkelrot
Zierapfel	*Malus Hybriden* 'Crimson Brillant' und andere Sorten	Zieräpfel werden je nach Sorte 3–8 m hoch und zieren mit Blüten und Äpfeln, manche Sorten auch durch dunkles Laub
Blutpflaume	*Prunus cerasifera* 'Nigra'	Strauch oder kleiner Baum mit ca. 5–6 m Höhe, tief dunkelrote Blätter, lila Blüten vor dem Austrieb;
Weigelie	*Weigela florida* 'Purpurea'	niedriger Strauch Höhe ca. 1,5 m mit braunroten Blättern, Blüten dunkelrosa

Weißbuntlaubige Bäume und Sträucher

Deutscher Name	Botanischer Name	Besonderheiten
Eschenahorn	*Acer negundo* 'Variegatum'	kleiner Baum mit ca. 6 m Höhe, Blätter weißgerandet
Aralie	*Aralia mandshurica* 'Variegata'	mehrstämmiger kleiner Baum mit ca. 5 m Höhe, blüht weiß im Sommer, Blätter mit weißem Rand
Buchsbaum	*Buxus sempervirens* in Sorten	Buchsbaum mit weißen Blatträndern, nur in Spezialgärtnereien erhältlich
Hartriegel	*Cornus alba* 'Argenteomarginata'	Strauch mit roter Rinde und weißbuntem Laub, Höhe und Breite ca. 2–3 m
Spindelstrauch	*Euonymus fortunei* in vielen Arten und Sorten	entweder bodendeckend oder größere Sträucher mit weißbunten kleinen Blättern

Filigran umspielt der rotblättrige Fächerahorn den Stamm einer Weide.

Die zartrosafarbenen Neutriebe des Eschenahorns *(Acer negundo* 'Flamingo') gehen später in ein weißbuntes Blätterkleid über.

Stechpalme	*Ilex aquifolium* 'Argenteomarginata'	immergrüner, schmaler Strauch mit roten Beeren im Winter, weiße Blattränder
Schattenglöckchen	*Pieris japonica* 'Variegata'	kleiner Strauch für den Schatten, braucht sauren Boden und Feuchtigkeit
Weigelia	*Weigela florida* 'Variegata'	mittelgroßer Strauch mit weißbuntem Laub und rosa Blüten im Mai

Gelb- oder gelbbuntlaubige Bäume und Sträucher

Deutscher Name	Botanischer Name	Besonderheiten
Eschenahorn	*Acer negundo* 'Aureo-Marginatum'	Blätter sind gefiedert und goldbunt, er wird ca. 5 m hoch, oft mehrstämmig
Aralie	*Aralia mandshurica* 'Aureovariegata'	mehrstämmiger kleiner Baum mit ca. 5 m Höhe und grünen Blättern mit gelbem Rand
Hartriegel	*Cornus alba* 'Spaethii'	mittelgroßer Strauch mit gelb-grünen Blättern und dunkler Rinde
Buntlaubige Ölweide	*Elaeagnus pungens* 'Maculata'	immergrüner Strauch mit ca. 1–2 m Höhe und Breite, auffallend gelbgrüne Blätter, braucht geschützten Standort
Spindelstrauch	*Euonymus fortunei* in verschiedenen Sorten	entweder bodendeckend oder größere Sträucher mit gelbbunten kleinen Blättern
Bergilex	*Ilex crenata* 'Golden Gem'	immergrüner Strauch mit ca. 0,5 m Höhe und goldgelben Blättern
Liguster	*Ligustrum ovalifolium* 'Aureum'	ein z. T. immergrüner Strauch mit auffallenden gelbbunten Blättern
Goldrobinie	*Robinia pseudoacacia* 'Frisia'	Baum mit gelbgrünem Laub, bis ca. 15 m hoch
Goldulme	*Ulmus minor* 'Wredei'	schmaler Baum mit gelbgrünen Blättern, kann 15 m Höhe erreichen

Graulaubige Sträucher

Deutscher Name	Botanischer Name	Besonderheiten
Bartblume	*Caryopteris x clandonensis* 'Heavenly Blue'	Kleinstrauch mit graugrünen Blättern und violetter Blüte im August/September
Schmalblätrige Ölweide	*Elaeagnus angustifolia*	Strauch mit 5 m Höhe und entsprechend breit, graues Laub und gelbe Blüten im Mai
Silber-Ölweide	*Elaeagnus commutata*	Strauch mit 1–3 m Höhe, silbergraues Laub Blüte weißgelb im Mai
Sanddorn	*Hippophaë rhamnoides*	mittelgroßer Strauch mit grauen Blättern und orangefarbenen Beeren, Wurzelausläufer
Lavendel	*Lavendula angustifolia*	immergrüner Kleinstrauch mit lila Blüten
Blauraute	*Perovskia abrotanoides*	Kleinstrauch mit feingliedrigen grauen Blättern und lila Blüten im August
Weidenblättrige Birne	*Pyrus salicifolia*	Kleiner Baum bis ca. 5 m Höhe, schmale silbrig-filzige Blätter und weiße Blüten im Mai
Zwergweiden	*Salix repens* *S. hastata* 'Wehrhahnii'	ca. 50 cm hoch, graufilzige Blätter ca. 150 cm hoch, graue Blätter und weiße Blütenkätzchen

Interessante Blattschmuckstauden

Deutscher Name	Botanischer Name	Besonderheiten
Günsel	*Ajuga reptans* 'Multicolor'	Bodendecker mit gelb-rot gesprenkeltem Blatt
Hornkraut	*Cerastium tomentosum*	Bodendecker für die Sonne, graue Blätter und weiße Blüten
Pfingstnelke	*Dianthus gratianopolitanus* 'Blauigel'	stahlblaue Polster mit roter Blüte im Sommer
Alpendistel	*Eryngium bourgatii*	ca. 80 cm hohe Blütenstaude für die Sonne, silbergrau geaderte Blätter
Hosta, Funkie	*Hosta* in vielen Arten und Sorten	Blattschmuckstaude in vielen Sorten und Farben, für Halbschatten bis Schatten
Sumpfschwertlilie	*Iris pseudoacorus* 'Variegata'	weißbunt gestreifte Blätter, gelbe Blüten im Sommer, Höhe ca. 100 cm
Lungenkraut	*Pulmonaria officinalis* 'Pink Dawn'	Bodendecker für den Schatten, silbrig gefleckte Blätter und rosa Blüten
Immergrün	*Vinca major* 'Variegata'	immergrüner Bodendecker mit großen, weißbunten Blättern, blüht blau

Stahlblaue Schmuckgräser

Deutscher Name	Botanischer Name	Besonderheiten
Schwingel	*Festuca amethystina* *F. cinerea* in Sorten *F. ovina* 'Blaufuchs' *F. valesiaca* in Sorten	30 cm hoch, bildet bläulichgrüne Blattschöpfe 20 cm hoch, stahlblaue Horste 20 cm hoch, stahlblaue Horste 10 cm hoch, blaugrüne Horste
Blaustrahlhafer	*Helictotrichon*-Arten	ca. 80 cm hoch, stahlblau
Schillergras	*Koeleria glauca*	40 cm hoch, blaugrüne Blätter
Blaugras	*Sesleria caerulea*	25 cm hoch, blaugrün bereifte Blätter

Nur mit verschiedenen *Hosta*-Arten und der gelbbunten Japansegge wurde diese gelungene Wegeinfassung gestaltet.

Gelbbunte oder weißbunte Schmuckgräser

Deutscher Name	Botanischer Name	Besonderheiten
Japansegge	*Carex morrowii* 'Variegata Aurea'	ca. 25 cm hoch, grüne Blätter mit gelbem Mittelstreifen
Pampasgras	*Cortaderia selloana* 'Gold Band'	mit Blüte ca. 150 cm hoch, Blätter hellgrün mit gelbem Mittelstreifen
Silberrandmarbel	*Luzula sylvatica* 'Marginata'	30 cm hoch, weiße Blattränder, braucht Schatten
Chinaschilf	*Miscanthus sinensis* 'Zebrinus Strictus'	mit Blüte ca. 170 cm hoch, gelbe, zebraähnliche Querstreifen
Rohrglanzgras	*Phalaris arundinacea* 'Picta'	ca. 60 cm hoch, weißgestreiftes Gras, das zum Teil Ausläufer bilden kann
Zebrasimse	*Scirpus lacustris* 'Zebrinus'	Sumpf- und Wassergras mit ca. 80 cm Höhe, gelblichweiße Querstreifen

Aus südlichen Gefilden kommend, fühlt sich der Lavendel sogar bei Hitze, Trockenheit und kargem Boden recht wohl.

- Teppich-Wacholder *(Juniperus communis* 'Hornibrookii')
- Kriech-Wacholder *(Juniperus communis* 'Repanda')
- Blauer Kriech-Wacholder *(Juniperus horizontalis* 'Glauca')
- Tamarisken-Wacholder *(Juniperus sabina* 'Tamariscifolia').

Andere Nadelgehölze wachsen eher buschig und sind als Gruppen gut zur Unterpflanzung geeignet. Dazu gehören:

- Zwerg-Latsche *(Pinus mugo* var. *pumilo)*
- Tafel-Eibe *(Taxus baccata* 'Repandens')
- Gelbe Kriech-Eibe *(Taxus baccata* 'Summergold')
- Zwergform der Japanischen Eibe *(Taxus cuspidata* 'Nana').

Bodendeckende Laubgehölze und Kleinsträucher können hier nur in einer begrenzten Auswahl vorgestellt werden. Wie Nadelgehölze dienen auch immergrüne Zwergsträucher zur Auflockerung einer besonnten Fläche, die auch im Winter noch Farbe zeigen soll.

Hier bieten sich z. B. folgende Zwerg-Berberitzen an:

- Polster-Berberitze *(Berberis buxifolia* 'Nana')
- Kissen-Berberitze *(Berberis candidula)*
- Warzen-Berberitze *(Berberis verruculosa).*

In schwach oder stärker saurem Boden gedeihen nachfolgende Zwergsträucher auch in der Sonne:

- Winterheide *(Erica carnea* in vielen Sorten; immergrün!)
- Fingerstrauch *(Potentilla fruticosa* in vielen Sorten).

Bei ausreichender Feuchtigkeit können sich diese Zwerggehölze wie Matten ausbreiten:

- Kriechspindel (z. B. *Euonymus fortunei* var. *coloratus* und andere Formen)
- Rote Teppichbeere *(Gaultheria procumbens)*
- Ysander *(Pachysandra terminalis).*

Folgende Ziersträucher wachsen bis zu 1 m Höhe und sind anspruchslos:

- Bartblume *(Caryopteris* x *clandonensis* in Sorten)

Rechts: Ein Star unter den flächendeckenden Stauden ist diese *Sedum*-Art *(Sedum floriferum* 'Weihenstephaner Gold').

Eine pflegeleichte Unterpflanzung

Vorher

Nachher

Oben und links: Nach dem Auslichten einiger Sträucher erhält die Fläche auch im unteren Bereich mehr Licht und Luft und ist damit für eine Unterpflanzung mit Stauden (Glockenblumen) und Kleingehölzen (in Blau die Bartblume *(Caryopteris)*, rötlich eine Kissen-Berberitze *(Berberis candidula)* bestens geeignet.

Unten: Ganz pflegeleicht und dauerhaft interessant wurde die Fläche rechts des Gartentors gestaltet. Hier hat man Tuffs von Stauden und Gräsern sowie immergrüne Tafel-Eiben und Polster-Berberitzen gepflanzt und die Zwischenräume mit großen Kieseln aufgefüllt.

- Zwerg-Strauchmispeln *(Cotoneaster* in Arten)
- Johannisstrauch *(Hypericum* 'Hidcote')
- Lavendel *(Lavendula angustifolia)*
- Rote Sommer-Spiere *(Spiraea*-Bumalda-Hybriden in Sorten)
- Zwerg-Spiere *(Spiraea japonica* in Sorten).

Stauden für flächige sonnige Pflanzungen gibt es sehr viele, hier einige der gängigsten:

- Frauenmantel *(Alchemilla mollis)*
- Bergenie *(Bergenia cordifolia)*
- Wurmfarn (*Dryopteris filix-mas;* in der Sonne braucht er genügend Feuchtigkeit)
- Storchschnabel *(Geranium* in vielen Arten)
- Purpurglöckchen *(Heuchera*-Hybriden)
- Zwerg-Bambus (*Sasa veitchii,* immergrün)
- Fetthenne *(Sedum floriferum* 'Weihenstephaner Gold' und andere *Sedum*-Arten und Sorten)
- Waldsteinie *(Waldsteinia geoides)*.

Wildgehölze für die Flächenbegrünung in einem Naturgarten gibt es ebenso in reichlicher Auswahl, darunter die Folgenden:

- Ginster-Arten (z. B. *Cytisus purpureus, C. supinus, C. nigricans)*
- Winterheide in der Wildform *(Erica carnea)*
- Wildrosen *(Rosa arvensis, R. gallica* und einige Sorten von *R. pimpinellifolia)*
- Kleinwachsende Weiden *(Salix purpurea 'Nana', S. repens, S. rosmarinifolia)*.

Ganze Gärten erneuern

Zuweilen sind nicht nur kleine Gartenbereiche, sondern große Flächen oder der gesamte Garten von einer Umgestaltung betroffen. Der Charakter des Gartens verändert sich dabei oft von Grund auf. Gleichzeitig ergibt sich bei einer kompletten Umgestaltung die einmalige Gelegenheit, etwas völlig Neues auf altem Terrain zu schaffen und seinen Wunschtraum in die Tat umzusetzen. Vier typische Beispiele wurden auf den folgenden Seiten herausgegriffen und bis ins Detail durchgeplant.

Vorüberlegungen

Zusammenhängende Gartenteile erfordern bei einer Erneuerung umfangreiche Überlegungen und detaillierte Planung. Die neuen Gartenteile sollen auch nachher noch harmonisch ins Gesamtbild passen, und deshalb ist diese Aufgabe etwas schwieriger als die erstmalige Anlage eines Gartens für ein neugebautes Haus. Nachdem im vorhergehenden Kapitel die Umgestaltung von Teilbereichen ausführlich geschildert wurde, sollen nun die wichtigsten Grundgedanken aufgegriffen werden, wenn es um die Renovierung eines ganzen Gartens in ihren vielfältigen Ausprägungen und Anforderungen geht.

Wie bei der Umgestaltung von Teilbereichen, beginnt auch die komplette Gartenrenovierung mit einer detaillierten Garteninspektion (siehe Seite 47 ff.) und damit, dass man sich genaue Gedanken über die eigenen Wünsche und Vorstellungen sowie über die Gestaltungsmöglichkeiten macht (siehe dazu Seite 41 ff.). Entscheidend dabei ist, dass Alt und Neu zusammenpassen. Ein modern gestaltetes Haus in einem alten, eingewachsenen Garten braucht vielleicht ein moderneres Element, das beide Stile miteinander verbindet, etwa eine neue Sitzecke mit modernen Möbeln, oder ein Bachlauf in klaren Formen. Zu einem Häuschen im Landhausstil würde dagegen viel besser eine üppige Rosenlaube und ein Teich mit reichem Pflanzenwuchs passen.

Unten: Dieser Garten entsprach in den 60er und 70er Jahren ganz einem typischen Nutz- und Ziergarten.

Rechte Seite: Die etappenweise Umgestaltung des links gezeigten Gartens hat sich gelohnt: Ein Blüten- und Farbenmeer von Stauden, Rosen und Gehölzen begleiten nun die Bewohner, und ein völlig neuer Charakter ist entstanden.

Gartenerneuerung Schritt-für-Schritt

Nachfolgend sind zunächst die wichtigsten Schritte der Gartenerneuerung in einer logischen Reihenfolge dargestellt. Ausführliches finden Sie dazu in den vorhergehenden Kapiteln.

- Als Erstes bestimmt man – allein oder mit Hilfe einer sachkundigen Person – die Pflanzen, die im Garten vorkommen.
- In einem zweiten Durchgang wird dann der Zustand der Einzelpflanzen oder Flächen, z. B. des Rasens oder des Vorgartens, festgestellt.
- Dann kommt die meist schwierige Entscheidung, was bleiben und was weichen soll.
- Die verbliebenen Pflanzen können nun bei Bedarf durch einen Korrekturschnitt verjüngt oder in eine günstigere Form gebracht werden (siehe Seite 157 ff.).
- Alles, was weichen soll, wird danach gerodet oder abgetragen.
- Nur der alte Rasen kann eine Weile länger bleiben. Er wird im letzten Arbeitsschritt

einer Gartenerneuerung berücksichtigt – außer man verkleinert ihn und bepflanzt Teile davon neu.

- Abschließend gilt es, die neu zu pflanzenden Flächen zu lockern und den Boden vorzubereiten.

Etwas kahl kann der gewohnte Garten nach dem Auslichen aussehen, doch es gibt einen Trost: Die Zeit arbeitet für alle Gartenbesitzer, denn bald werden die neuen Pflanzungen eingewachsen sein.

Neupflanzung

Jetzt erst sind die Vorbereitungen abgeschlossen und man kann all die Gartenschätze kaufen und pflanzen, die man sich in seinem »neuen alten« Garten wünscht. Diese Phase wird von Gartenliebhabern oft als die Schönste angesehen, sie hat etwas Schöpferisches und erfüllt einen mit Freude, besonders wenn die Frühlingszeit dafür genutzt wird.
In die gut gelockerte, bei Bedarf verbesserte Erde setzt man Bäume, Sträucher und Stauden sowie evtl. einjährige Blumen als Lückenfüller. Neben dem Frühjahr ist der Herbst eine gute Pflanzzeit, insbesondere für die Gehölze. Im September werden immergrüne Pflanzen gesetzt, Oktober und November sind ideale Pflanztermine für alle laubabwerfenden Gehölze einschließlich der Rosen. Auch die meisten Zwiebelblumen steckt man im Frühherbst. Sind alle neuen Gewächse an Ort und Stelle gepflanzt worden, heißt es nun noch: Pflegen, bis Alt und Neu nach einem oder mehreren Jahren harmonisch zusammengewachsen sind. Nach etwa einem Jahr kann man zur Arbeitserleichterung und Verbesserung der Bodenfeuchtigkeit auf die noch offenen Flächen Holzhäcksel oder Rindenmulch aufbringen; zuvor aber das Düngen nicht vergessen, denn diese Materialien entziehen dem Boden beim Verrotten Stickstoff, der dann unter Umständen den Pflanzen nicht mehr ausreichend zur Verfügung steht.
Damit ist eine Phase der Erneuerung abgeschlossen. Doch nichts ist statisch. Auch und gerade im Garten geht die Entwicklung weiter, und in zehn oder zwanzig Jahren wird man sich vielleicht wieder fragen: Was mache ich bloß mit diesem Garten oder Gartenteil?

Ein neuer Vorgarten

Der etwa 40 m² große Vorgarten setzte sich bis zur Umgestaltung aus einem Stück Rasen und einem Sommerblumenbeet zusammen. Eine Blaufichte (ein ehemaliger Weihnachtsbaum) hatte einen Teil der Fläche schon großräumig eingenommen. Der Rasen wollte nicht mehr so recht wachsen, was zum Teil sicher am Lichtmangel lag. Das Sommerblumenbeet entstammt noch der Vorliebe der früheren, inzwischen verstorbenen Gartenbesitzerin, ihren Vorgarten dreimal im Jahr mit einjährigem Blumenflor zu schmücken.
Für die neuen Eigentümer war eines sofort klar: Bis auf die schöne alte Tulpenmagnolie rechts sollte in diesem Vorgarten alles weichen und etwas ganz Neues entstehen. Dazu wurde kurz vor Weihnachten die Blaufichte abgesägt und die Krone als Weihnachtsbaum genutzt. Das Ausgraben der Fichtenwurzeln teilten sich die Kinder und der Familienvater reihum, was zwar Anstrengung bedurfte, aber auch Spaß machte. Zur Erneuerung der schütteren Rasenfläche wurde der Boden insgesamt spatentief umgegraben; den Winter über ließ man ihn ausfrieren.
Im darauffolgenden Frühjahr ersetzte man zuerst den alten Jägerzaun durch einen Lattenzaun. Ein kleiner Fußweg wurde bis zur Haustür angelegt, und die Wegfläche vor der Haus-

Rechts: Der Vorgarten ist die Visitenkarte eines Hauses, hier begleitet das mit Stauden, Zwergnadelbäumen und einem Ahorn bepflanzte Beet den Besucher bis zur Haustür.

Vorher

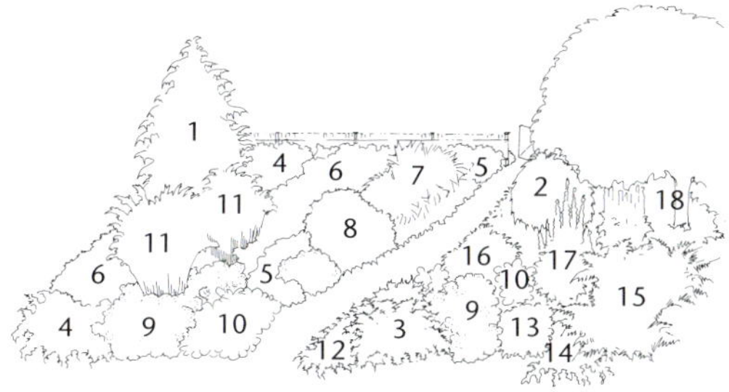

Nachher

tür erneuert. Für die Randeinfassung verwendete man Pflastersteine, als Belag wurde Splitt gewählt, den man für den Unterbau und auch oben etwas verdichtete. Damit war die Fläche startklar für eine Bepflanzung mit bodendeckenden Stauden, kleinen Sträuchern und einigen ausgewählten, immergrünen Nadelgehölzen.

Die Lichtverhältnisse im Vorgarten sind sehr unterschiedlich. Im Bereich zur Straße hin scheint vom Frühling bis zum Herbst die Sonne bis zum Nachmittag, in der Nähe der Haustür etwa bis Mittag, und unter dem Magnolienbaum kommt sie nur in den Morgenstunden. Somit mussten unterschiedliche Pflanzen ausgewählt werden, für den jeweiligen Standort passend. Zu jeder Jahreszeit sollte etwas Blühendes oder Grünes zu sehen sein. Der Zaun ist nur etwa 1 m hoch, und der dahinterliegende Weg wird nur wenig begangen.

Die Grundfarben des neuen Vorgartens sind Gelb und Grün. Rechts des Splittweges herrscht mehr Schatten, links davon den halben Tag Sonne. Folgende Immergrüne wurden gepflanzt:

1 Gelbe Adlerschwingen-Eibe *(Taxus baccata* 'Dovastonii Aurea')
2 Gelbe Zwerg-Fadenzypresse *(Chamaecyparis pisifera* 'Filifera Aurea Nana')
3 Tafeleibe *(Taxus baccata* 'Repandens')
4 Zwergmispel *(Cotoneaster* 'Coral Beauty')
5 Spindelstrauch *(Eunonymus fortunei* 'Emerald 'n' Gold')

Als sommergrüne Kleinsträucher und Stauden wurden verwendet:

6 Fingerkraut *(Potentilla fruticosa* 'Abottswood')
7 Elfenbeinginster *(Cytisus* x *kewensis)*
8 Bartblume *(Caryopteris* x *clandonensis* 'Heavenly Blue')
9 Frauenmantel *(Alchemilla mollis)*
10 Bergenie *(Bergenia*-Hybride 'Abendglut')
11 Silberährengras *(Achnatherum calamagrostis)*
12 Glockenblume *(Campanula poscharskyana)*
13 Ysander *(Pachysandra terminalis)*
14 Immergrün *(Vinca minor* 'Variegata')
15 Frauenfarn *(Anthyrium filix-femina)*
16 Breitblattsegge *(Carex plantaginea)*
17 Eisenhut *(Aconitum napellus)*
18 Lanzen-Silberkerze *(Cimicifuga cordifolia)*

Daher ergab sich die Idee, den Zaun ca. 30 cm zum Haus hin zu versetzen und die Pflanzung auch vor dem Zaun zur Straße hin weiterzuführen. Im Sommer ist die Einzäunung dadurch von den Pflanzen wie eingewachsen, im Winter tritt der Holzzaun deutlicher hervor.

Folgende **Farben und Blühhöhepunkte** sind in diesem Garten zu finden (zuerst die Gehölze, dann die Stauden):

- **Winter:** Eibe (grün bzw. grün-gelb), Fadenzypresse (gelb), Zwergmispel (grün).
  Stauden: Ysander (weiß), Immergrün (violett), Breitblattsegge (grün).
- **Frühling:** Tulpenmagnolie (rosa), Elfenbeinginster (cremefarben).
  Stauden: Frauenmantel (hellgelb), Bergenie (rot), Ysander (weiß), Immergrün (violett).
- **Sommer:** Fingerkraut (weiß).
  Stauden: Silberährengras (weiß, überhängend), Glockenblume (violett), Eisenhut (blauviolett), Lanzen-Silberkerze (weiß).
- **Herbst:** Zwergmispel (rote Beeren), Bartblume (blau), Spindelstrauch (rosa-rote Herbstfärbung).
  Stauden: Bergenie (teilweise rote Blätter), Silberährengras (Blütenstände können den Winter über stehen bleiben).

Statt großflächigem Rasen ein pflegeleichter Naturgarten

Was ist ein Naturgarten?

Was versteht man eigentlich unter einem »Naturgarten« oder »naturnahen Garten«? Der Unterschied zu einem »normalen Garten« besteht in der Auswahl der Pflanzen und der Haltung der Gartenbesitzer zu den natürlichen Wachstums- und Entwicklungsprozessen. In jedem konventionell angelegten Garten herrscht eine gewisse Ordnung, die von den betreuenden Personen aufrechterhalten wird. In naturnahen Anlagen greift der Mensch dagegen deutlich zurückhaltender ein, man lässt z. B. die standorttypischen Pflanzen sich frei ausbreiten.
Die meisten Naturgärten enthalten verschiedene naturnahe Elemente, z. B. Blumenwiesen, Wildhecken, Trockenstandorte, Teiche oder sumpfige Bereiche, die in einer Gesamtanlage integriert werden. Für Kinder sind solche Gärten ein Paradies, denn sie können dort eine Fülle von Tier- und Pflanzenarten beobachten und kennenlernen.
Auch in einem Naturgarten ist die planende und ordnende Hand des Gärtners erforderlich – wenn auch in geringerem Ausmaß. Man sollte sich in dieser Hinsicht nie durch den schönen »wilden« Eindruck täuschen lassen, den solche Gärten gelegentlich machen. Gärten, die ohne menschliches Zutun wachsen, werden recht schnell zur Wildnis. Und das ist mit einem naturnahen Garten ganz und gar nicht gemeint.
Es gibt einige wesentliche Merkmale, die einen Naturgarten auszeichnen. Eines davon ist die Verwendung von heimischem Material, etwa ortstypischen Steinen oder Holz. Ein weiteres Kennzeichen ist die Verwendung vor allem heimischer Pflanzen. Heimisch bedeutet, dass die Pflanzen möglichst aus dem mitteleuropäischen Raum stammen. Bei der Auswahl der Arten ist es besonders wichtig, auf die Eignung für den jeweiligen Standort zu achten. Vorbild für die Pflanzenkombinationen stellen jeweils die entsprechenden natürlichen Lebensgemeinschaften dar, die man versucht, im Garten nachzugestalten.

➡ Naturgärten stellen auch einen kleinen Beitrag zur Erhaltung der heimischen Pflanzenvielfalt dar. Daher sollte man dort auf eingeschleppte, sehr konkurrenzstarke Wildstauden wie die Herkulesstaude *(Heracleum mantegazzianum)* oder den Staudenknöterich *(Reynoutria)* verzichten. Diese fremdländischen Arten verwildern leicht und können heimische, selten gewordene Arten verdrängen.

Ausgangssituation

Der hier vorgestellte, etwa 200 m^2 große Garten bestand vor der Umgestaltung im wesentlichen aus einem großen Spielrasen, eingerahmt von einigen alten Sträuchern und Gemüsebeeten mit einem anschließenden Kompostplatz. Auf dem Spielrasen standen, von der Terrasse aus gut einsehbar, eine Schaukel und ein Klettergerüst. Nachdem die Kinder aus dem Haus waren, wurde der Garten von den Besitzern komplett umgestaltet.

Die Umgestaltung

Im neuen Garten ist die vordere Hälfte zum Haus hin zum Trockenstandort geworden, sie bleibt der Schwerpunkt des Gartens. Eine halbrunde Trockenmauer trennt sie vom zweiten Gartenteil, einer Wildblumenwiese mit einer Strauchpflanzung. Das Schmuckstück dieses Gartens sind die Mauer und ihre Ausläufer, die für Pflanzen aus Geröll und Steppengebieten einen Lebensraum bieten. Alle sonnenbeschienenen Steine können Wärme gut speichern und ziehen mit den vielen Fugen und Nischen eine reichhaltige Tierwelt an, in der Steinhummeln, Eidechsen, Bläulinge und Felsensandläufer siedeln können.
Damit entsteht in diesem Garten auch ein Bezug zur umliegenden Landschaft. Die Steine für die Trockenmauer und den Steinhaufen stammen aus einem nahegelegenen Steinbruch und aus einer Baugrube in nächster Nähe. Der Boden ist insgesamt leicht steinig und durchlässig. Um den Charakter eines trockenen Standortes zu behalten, wurde in diesem Bereich nur mit Splitt und Steinen gearbeitet; in den Lücken können niedrige, sonnenhungrige Stauden vorkommen. Zur Abmagerung der Geröll- und Splittfläche wurde zuvor noch ca. 20 cm Splitt in den Boden eingefräst und danach erst der Belag bzw. die Steine aufgesetzt.
Zum Haus hin hat die Mauer ihre Sonnenseite und blüht vom Frühling bis zum frühen Herbst, mal hier, mal dort. Die Mauerrückseite kann von schattenverträglichen Steingartenstauden bewachsen werden, und die Pflege der Mauer ist recht einfach von allen Seiten auszuführen. Auf der befestigten Fläche vor der Trockenmauer lässt sich gut sitzen und ein kleines Lagerfeuer oder der Grill bedienen.
Die Mauer läuft zur einen Seite in eine Art Geröllhaufen aus, auf der anderen Seite ist sie von einer bunten Pflanzengruppe begrenzt. Nur die Fläche vor der Haustür ist gepflastert, da sie damit mehr Standfestigkeit für Gartenmöbel bietet. Der zweite Gartenteil mit der angrenzenden Blumenwiese ist durch die Trockenmauer begrenzt. Dort lockern einige Wildsträucher das Bild auf, nach Süden hin bleibt die Sicht frei auf die hügelige Landschaft.
Außer den vorrangigen Themen »Wildblumenwiese« und »Trockenstandort« sind in diesem Garten noch einzelne weitere naturnahe Aspekte integriert. Dort, wo die Trockenmauer endet (auf der Grafik Seite 144 im Vordergrund), beginnt ein (in der Zeichnung nicht sichtbares) Beet, das von niedrigen Wildrosen, Buchsbäumen und verschiedenen Gräsern bestimmt wird. Getrennt durch einen mit Splitt gedeckten Weg schließt es an die vorne sichtbare Geröllfläche mit Königskerzen, Johanniskraut und Eselsdistel an.
Die gegenüberliegende Seite der Trockenmauer führt mit ihren Ausläufern bis an die am Haus befestigte Pergola. Hinter der Garage ist ein Abstellplatz entstanden, der mit Hopfen begrünt und um die Ecke herum von zwei Geißblatt-Arten berankt wird. Direkt an der Hausfassade klettert Efeu an der Fassade empor.

Die Hauptarbeit eines Naturgartens liegt im sorgfältigen Planen, in der Bodenvorbereitung (häufig Abmagern) und der Auswahl der passenden Pflanzenarten, z. B. Wildsträuchern und Wildstauden. Nach dem Anlegen sind lediglich eine Regulierung unerwünschter Kräuter, der Rückschnitt von Sträuchern oder das Entfernen von Ausläufern als Pflegemaßnahmen erforderlich.

Was in einem Naturgarten so schön wild und natürlich wächst, ist das Resultat sorgfältiger Planung und Vorbereitung.

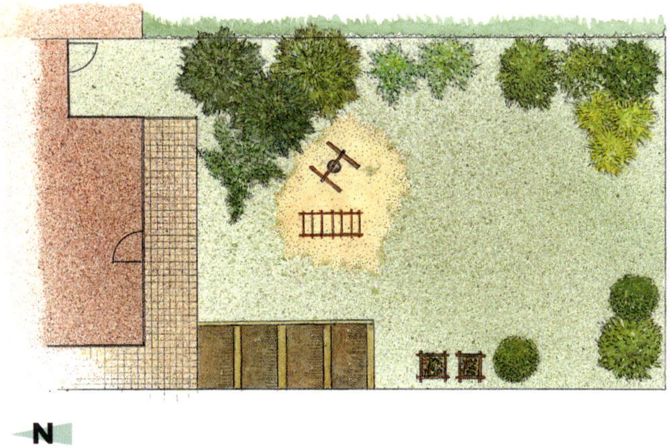

Vorher

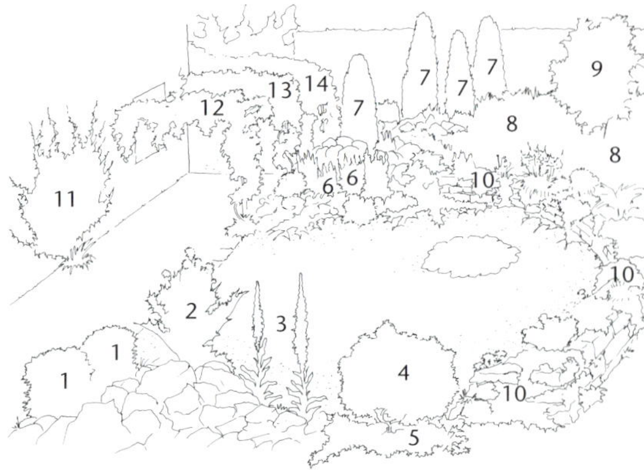

Nachher

Ein langweiliger Rasengarten mit zwei Spielgeräten (oben) wird nach der Umgestaltung zu einer lebendigen Naturoase mit verschiedenen Trockenstandorten. Dort leben naturnahe Pflanzengemeinschaften auf Steinhaufen, Trockenmauer und Schotterflächen. Hinter der Trockenmauer wurde der Rasen abgetragen und eine Blumenwiese angelegt.

1 Johanniskraut *(Hypericum perforatum)*
2 Eselsdistel *(Onopordum acanthium)*
3 Große Königskerze *(Verbascum densiflorum)*
4 Buchsbaum *(Buxus sempervierens)*
5 Sandfingerkraut *(Potentilla arenaria)*
6 Pflanzengruppe bestehend aus: Wegwarte *(Cichorium intybus,* hellblau), Schwarze Königskerze *(Verbascum nigrum,* gelb), Wiesensalbei *(Salvia pratensis,* dunkelblau), Moschusmalve *(Malva moschata,* rosa), Habichtskraut *(Hieracium aurantiacum,* rot)
7 Wacholder *(Juniperus communis)*
8 Blumenwiese
9 Sanddorn *(Hippophaë rhamnoides)*
10 Auf der Sonnenseite der Trockenmauer wurden vor allem folgende Pflanzen gesetzt: Scharfer Mauerpfeffer *(Sedum acre,* gelb), Wilder Thymian *(Thymus serpyllum,* violett), Seifenkraut *(Saponaria officinalis,* rosa), Glockenblume *(Campanula rotundifolia,* blau), sowie als Gräser Schafschwingel *(Festuca ovina)* und Federgras *(Stipa pennata).*

Heimische Kletterpflanzen wachsen an der begrünten Wand (11 Efeu) und spenden an der Pergola Schatten: Zwei Geißblatt-Arten (12 *Lonicera caprifolium* und 13 *L. periclymenum)* und ein Hopfen (14, *Humulus lupulus).*

Ein Reihenhausgarten wird umgestaltet

Ausgangssituation

Dieser ca. 120 m^2 große Reihenhausgarten wurde vor mehr als 20 Jahren angelegt. An den beiden Längsseiten stehen typische Blütensträucher, wie Forsythie, Weigelie und Hartriegel, sowie ein Streifen Thujenhecke mit inzwischen ca. 3 m Höhe. An den beiden Grundstücksecken pflanzte man damals eine Blutpflaume mit auffällig dunkelrotem Laub und einen bewurzelten Zweig einer Korkenzieherweide aus einem Osterstrauß. Beide entwickelten sich prächtig und sind jetzt einige Meter hohe Bäume. Zwischen ihnen folgt in dichtem Abstand eine Reihe von gewöhnlichen Fichten, die sich von ehemals knapp 20 cm Höhe zu stattlichen Bäumen entwickelt haben. Unten sind sie inzwischen leider recht kahl, so dass der beabsichtigte Sichtschutz nun nicht mehr gegeben ist. Einer der Bäume ist bei einem Sturm umgefallen und hat den Maschendrahtzaun dahinter umgerissen.
Die Mitte des Gartens füllt ein etwas dürftiger Rasen aus, und die Weihnachtsbäume im Topf fanden auch noch irgendwo einen Platz. Das Gerätehäuschen ist neueren Datums und bringt einen schönen Blickfang in den sonst eher grünen Garten.

Die Umgestaltung

Mit dem Umfallen einer der großen Fichten war endgültig klar: Ein neuer, ganz anderer Garten sollte entstehen. Da der niedrige Maschendrahtzaun am Grundstücksende alt und beschädigt war, wurde er an dieser Seite ganz entfernt. Das brachte einen größeren Durchgang und etwas Platz für die Arbeiten zur Gartenerneuerung. Der erste Schritt war das Entfernen der Sträucher und Hecken, die nicht mehr erwünscht waren. Zuerst wurden die Fichten in einer Höhe von ca. 150 cm abgesät, kleingeschnitten und in einen Container für Baumschnittmaterial gefüllt. Man wollte sich nicht mit dem Ausgraben der Wurzeln plagen, sondern überließ der Zeit die Arbeit. Dafür bekamen die Stümpfe ein immergrünes Efeukleid, womit sie als Zaunersatz gute Dienste leisten konnten (siehe Seite 85).
Restlos entfernt wurden alle Sträucher der linken Gartenseite, die Thujenhecke und die Blaufichten, alle mitsamt den Wurzeln. Die verbliebenen Sträucher und Bäume erhielten einen Auslichtungsschnitt, um sie zu neuem Wachstum anzuregen. Diese Arbeit war an zwei Wochenenden erledigt.
Danach folgte der zweite Schritt: die Bauarbeiten. Sie zogen sich vom Frühjahr bis in den Sommer hinein hin. In Absprache mit den Nachbarn an der rechten Grundstücksgrenze wurde die bisherige Thujenhecke durch einen auf der Grenze verlaufenden Lattenzaun aus hellem Holz mit einer Höhe von 170 cm ersetzt. Zu beiden Seiten beranken ihn attraktive Kletterpflanzen; dadurch gewinnen beide Parteien viel Raum in dem recht kleinen Grundstück. Auf der gegenüberliegenden Gartenseite wurde derselbe Zaun in 150 cm Höhe errichtet und ebenfalls bepflanzt. Hier genügten dem Nachbarn seine vorhandenen Sträucher als Sichtschutz, der Zaun konnte somit niedriger ausfallen.
Mit den beiden Zäunen verwandelte sich der Garten im hausnahen Bereich zu einer Art Innenhof. Von dort aus hat man einen Ausblick in die Ferne, markiert durch die großen Bäume an den Grundstücksecken. Dadurch erhält der Garten einen Rahmen.
Die gesamte Gestaltung wird weiterhin bestimmt durch eine Achse, die von der Terrasse bis in den hinteren Gartenbereich verläuft. Sie ist in zwei Materialarten ausgeführt, Granit und Holzpflaster. Die runden, mit Granitpflaster gebauten Flächen haben einen dauerhaften Wert, das Holzpflaster ist aus Red Cedar und zur Trittsicherheit mit Rillen versehen.
Die mit Belag versehene Fläche wurde großzügig bemessen, weil sie zugleich zum Gehen, Sitzen und zum Aufstellen von Gefäßen Platz bieten soll. Die größte Fläche ist um eine Stufe abgesenkt, um dem ebenen Garten Tiefe und eine Abstufung zu geben. Die Gartenhütte ist ein weiterer Anziehungspunkt, der noch zusätzlich durch zwei kleine Wasserbecken an Reiz gewonnen hat.
Im Zuge der Gartenerneuerung wurden abschließend auch die bestehenden Maschendrahtzäune erneuert und an der Rückseite des Gartens wieder errichtet. Zum rechten Nachbarn hin musste nun noch ein kleiner Hasendraht gespannt werden, der nur bis zum Ein-

Vorher

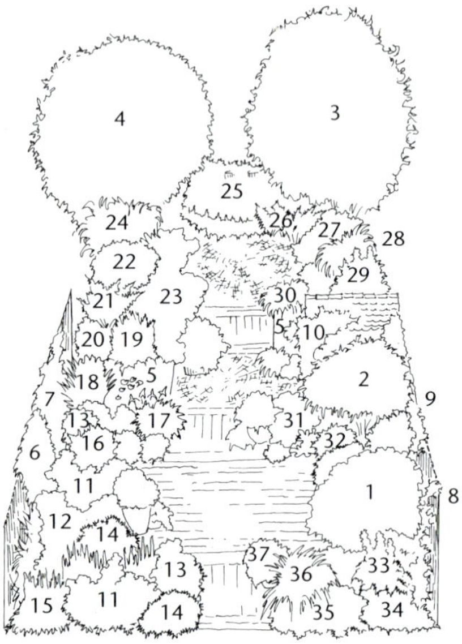

Nachher

Dunkel und von Sträuchern und Bäumen stark eingewachsen – so stellte sich dieser ca. 120 m² große Reihenhausgarten vor der Umgestaltung dar. Um Licht und Luft zu schaffen, wurden alle Bäume bis auf die Korkenzieherweide (3) und die Blutpflaume (4) entfernt, ebenso die Sträucher außer der Korkenzieherhasel (1) und dem Sommerflieder (2). Damit wurde Platz geschaffen für eine großzügige Belagsfäche aus Holz und Granitpflaster und zwei kleine Wasserbecken (5) in der Nähe des Gartenhäuschens. Der in zwei unterschiedlichen Richtungen verlegte Holzbelag bringt Spannung und Abwechslung in die gerade verlaufende Achse, die in einem kreisrunden Sitzplatz aus Granitpflaster endet.

Die rechte und linke Grundstücksgrenze ist im vorderen Bereich mit unterschiedlich hohen Holzspalieren zum berankten Sichtschutz umfunktioniert worden. Die Elemente werden von folgenden Kletterpflanzen berankt:

Links: 6 Immergrünes Geißblatt *(Lonicera* x *henryi)*
7 Geißblatt *(Lonicera* x *heckrottii),*
sowie rechts und am Gartenhäuschen:
8–10 Clematis (8 *Clematis montana* 'Rubens', 9 *Clematis* 'Lasurstern', 10 *Clematis* 'Madame Le Coultre').

Die schönsten Farben und Formen bringen im umgestalteten Garten die Blumenbeete, die sich zu beiden Seiten der Achse entlangziehen. Sie zeigen zu jeder Jahreszeit etwas Blühendes.

Auf der linken Seite finden sich vor allem Rosen und Begleitpflanzen wie Stauden und Kleinsträucher:
11 Beetrose 'Lapponia' (rosa)
12 Beetrose 'Regensberg' (rosa-weiß)
13 Beetrose 'La Paloma' (weiß)
14 Zwerglatsche *(Pinus mugo* ssp. *pumilio)*
15 Salbei *(Salvia nemorosa* 'Mainacht')
16 Bartblume *(Caryopteris* x *clandonensis* 'Heavenly Blue')
17 Funkie *(Hosta crispula)*

18 Sibirische Wieseniris *(Iris sibirca* 'Caesar')
19 Blutweiderich *(Lythrum salicaria)*
20 Goldfelberich *(Lysimachia punctata)*
21 Straußfarn *(Matteuccia struthiopteris)*
22 Schneeball *(Viburnum opulus* 'Compactum')
23 Frauenmantel *(Alchemilla mollis)*
24 Chinaschilf *(Miscanthus sinensis* 'Silberfeder')
25 Mit Efeu berankte Fichtenstämme, die auf ca. 150 cm Höhe abgesägt wurden. Als Vorpflanzung dienen: Prachtspieren *(Astilbe japonica* 'Deutschland')
26 Pfauenradfarn *(Adiantum pedatum)*
27 Kaukasus-Vergissmeinnicht *(Brunnera macrophylla)*
28 Riesensegge *(Carex pendula)*
29 Kreuzkraut *(Ligularia przewalskii)*
30 Bergenie *(Bergenia cordifolia)*
31 Sonnenhut *(Rudbeckia fulgida* var. *sullivantii* 'Goldsturm')
32 Herbstaster *(Aster dumosus* 'Prof. A. Kippenberg')
33 Jakobsleiter *(Polemonium caeruleum)*
34 Sonnenröschen *(Helianthemum*-Hybride 'Sterntaler')
35 Polsterphlox *(Phlox subulata* 'Moerheimii')
36 Reiherfedergras *(Stipa barbata)*
37 Zwergiris *(Iris germanica)* und Polstersteinbrech *(Saxifraga* x *apiculata)*

wachsen der neuen Pflanzung bestehen sollte. Nach zwei bis drei Jahren wurde er entfernt, und der hintere Gartenteil reicht nun ohne Grenze bis zu den Sträuchern des Nachbarn und darüber hinaus weiter.
Nach einer gründlichen Bodenlockerung und der Einsaat von Bienenfreund *(Phacelia)* als Gründünger im Juni war ab Anfang September der dritte Schritt an der Reihe: Das Pflanzen. Zunächst setzte man die Kletterpflanzen an den Lattenzäunen und zum Beranken der Baumstümpfe sowie die Gehölze, danach die Stauden. Mit den Rosen wartete man bis Ende Oktober, und das Pflanzen der Gräser und Farne verlegte man auf das Frühjahr, weil sie dann erfahrungsgemäß besser anwachsen.
Der letzte Schritt: Abwarten. In den ersten beiden Jahren halfen zunächst noch einige einjährige Sommerblüher, die Lücken zwischen den Stauden zu schließen. Doch danach hatte sich der ehemals monoton grüne, stark eingewachsene Garten zu einem prächtigen Rosen- und Staudengarten entwickelt, der vom Frühling bis zum späten Herbst immer etwas Blühendes zu bieten hat.

Ein geschwungener Weg und eine Gestaltung, bei der auch die Nachbargärten einbezogen werden, lassen auch in schmalen Gartenanlagen Großzügigkeit entstehen.

Nutzgärten umfunktionieren

Reine Nutzgärten werden heute immer seltener. Die Freizeit wird für andere Dinge genutzt, die Gartenarbeit ist häufig zu mühsam geworden. Die Einkommensverhältnisse und das Angebot an Obst und Gemüse haben sich deutlich verbessert, so dass die Selbstversorgung – im Gegensatz zur Nachkriegszeit – heute kaum mehr eine Rolle spielt.
Übernimmt man einen älteren Garten, sind oft noch große Nutzgartenbereiche anzutreffen, wenn nicht der ganze Garten überwiegend als Nutzgarten diente. Diese Gartenbereiche wurden sorgsam gepflegt, der Boden gut bearbeitet und darin in jedem Frühling bis zum Herbst reichlich gesät, gepflanzt, geerntet und gegraben. In unseren heutigen Gärten sind solche Flächen vielerorts verschwunden oder nur noch in kleinem Stil als Kräuterecke oder als Versuchsbeete für Kinder vorhanden.
Die Gründe, warum man heute einen Nutzgarten oft gar nicht erst anlegt, liegen sicher zum Teil auch im immer knapper und teurer werdenden Gartenraum. Doch auch große Gärten, die sich einen Nutzgarten für Gemüse und Obst, manchmal auch für Kräuter und Blumen leisten könnten, verzichten aus den oben genannten Gründen mehr und mehr auf diese Bereicherung. Der Lohn der Mühe für selbst angebautes Obst und Gemüse sind die direkte Kontrolle des Anbaus und jederzeit absolute Erntefrische. Doch gibt es inzwischen auch Bio-Gemüse recht günstig im Gemüseladen um die Ecke. Solche und vielleicht noch andere Gründe führen häufig dazu, einen bestehenden Nutzgarten zumindest zu verkleinern oder gar ganz aufzugeben.
Durch die intensive Pflege ist der Boden eines ehemaligen Nutzgartens meist in recht gutem, gepflegten Zustand, krümelig, nährstoffreich und frei von Wildkräutern. In manchen sogenannten Bauerngärten sind außerdem noch viele Bauerngartenstauden, Blumenzwiebeln und einjährige Blumen vorhanden, die das Grün einer Gemüselandschaft auflockern.
Vielleicht möchte man den Schatz an Boden und Pflanzen doch nicht ganz aufgeben, und sucht nach Alternativen zum nur grünen Rasen statt der Nutzgartenfläche. Die folgenden Beispiele sollen dafür Anregungen geben.

Folgt auf einen Nutzgarten ein so schöner formaler Rosengarten wie dieser, profitieren die Rosen noch viele Jahre von dem gut versorgten Boden früherer Zeit.

Ausgangssituation

Der in unserem Beispiel gezeigte Gemüsegarten (Seite 149 oben) besteht aus einer Fläche für die Gemüsebeete, die von einem Weg mit Rindenmulch geteilt wird. Der Weg und die äußeren Ränder sind mit Betonkantensteinen zur Wiese hin abgegrenzt. Zu drei Seiten des Nutzgartens wachsen in Blumenbeeten Bauerngartenstauden wie Rittersporn, Pfingstrosen, Brennende Liebe, Phlox, Margeriten, Astern und Mohn. Im Frühling kommen dazwischen verschiedene Blumenzwiebeln zum Vorschein (Schneeglöckchen, Krokusse, Tulpen, Osterglocken, Lilien), im Sommer stehen Dahlien und Gladiolen in voller Blüte. Das ganze Areal ist etwa 50 m^2 groß. Es liegt offen und voll besonnt am Rand eines Rasenstücks. Angrenzend findet sich ein kleiner Obstgarten mit Johannisbeeren, Himbeeren, Apfel- und Birnbäumen.

Die Umgestaltung – zum formalen Garten mit Rosen und Kräutern

Bei der auf Seite 149 Mitte gezeigten Variante ist die Fläche mit ihrer Einfassung an sich gleich geblieben, hat aber einen anderen Inhalt, ein anderes Thema bekommen. Aus dem Nutzgarten ist ein formaler Garten mit Rosen und Kräutern entstanden. Für diese etwas aufwändige Idee wurden ein zusätzlicher Querweg und ein Pavillon am Ende der Blickachse und ein Rosenbogen angelegt. Außerdem umrahmen nun niedrige Buchsbaumhecken die vier Flächen. Eine Sichtschutz-

Oben: Solch ein rechteckiger Nutzgarten, der von Betonkantensteinen sauber von der Umgebung abgetrennt ist, war früher fester Bestandteil in vielen Gärten.

Vorher

Mitte: Auch wenn sich die Nutzung ändert, kann man die Form bei einer Umgestaltung beibehalten. Die rechteckige Gemüsefläche durchzieht nun ein Querweg, an den beiden Enden der Längsachse stehen jetzt ein Rosenbogen und ein einladender Pavillon, und schon hat man einen formalen Garten mit vier Teilflächen. Ob diese nun wie hier jeweils zu beiden Seiten gleichartig mit Rosen und Lavendel bzw. Kräutern oder anders bepflanzt werden, ist reine Geschmackssache. Der feinkrümelige, nährstoffreiche Boden der Gemüsebeete bietet sich für anspruchsvolle Nachfolger wie Rosen und Prachtstauden an.

Nachher

… mit Rosen und Kräutern

Unten: Die Form des alten Nutzgartens ist in dem von Stauden und Sträuchern umgebenen Sitzplatz nicht mehr erhalten, aber der gute Boden konnte auch hier für die neuen Pflanzen optimal genutzt werden. Als lauschiger Sitzplatz wird er vor allem vom späten Frühling bis zum Herbst seinen Zweck erfüllen. In dieser Zeit ist immer etwas Blühendes zu sehen, und das kleine Wasserbecken wirkt belebend und entspannend zugleich.

… mit lauschigem Sitzplatz

hecke sorgt im Hintergrund für Schutz vor unerwünschten Blicken, um im Pavillon auch gemütlich sitzen zu können. Die vier Eckpunkte der formal gehaltenen Laube betonen im Hintergrund je zwei Fliedersträucher *(Syringa vulgaris)* und im Vordergrund zwei klein bleibende, im März und April blühende Scheinhaseln *(Corylopsis pauciflora)*.
Was man mit den vier geschaffenen Flächen nun macht, hängt ganz vom Interesse und dem Geschmack der Gartenbesitzer ab. Sie können nur mit bodendeckenden, kleinen Sträuchern (Bodendeckerrosen, Fingerstrauch usw.) oder auch nur mit einjährigen Sommerblumen wie Kapuzinerkresse, Studentenblumen oder Ringelblumen bepflanzt werden. Im hier gezeigten Beispiel wurden je zwei Kräuterbeete mit kurzlebigen (Petersilie, Schnittlauch, Basilikum, Dill, Kresse, Ringelblume, Borretsch) und langlebigen Arten (Wermut, Maggikraut, Pimpinelle, Ysop, Majoran, Rosmarin, Thymian, Salbei, Tripmadam, Minze-Arten usw.) angelegt. Die anderen beiden Flächen sind für Beet- oder Bodendeckerrosen mit Lavendel vorbehalten. Zwei Strauchrosen zu beiden Seiten der Laube machen den Rosengarten komplett.
Der Boden ist durch die ehemalige Bestellung mit Gemüse optimal vorbereitet und damit wie geschaffen für die »Königin der Blumen«. Die Pflanzflächen mit den Kräutern müssen dagegen mit Sand etwas abgemagert werden.

Wasserbecken und Sitzplatz gehören immer zusammen, wenn man die kühle Frische des Wassers genießen möchte.

Die randlichen Streifen mit den Staudenpflanzungen wurden so gewählt, dass sie in der Nähe der Rosenbeete entweder im Frühling oder im Herbst ihren Blühhöhepunkt haben.

Die Umgestaltung – zum lauschigen Sitzplatz

Eine ganz andere Variante der Umgestaltung des Nutzgartens ist in der Grafik Seite 149 unten zu sehen. Hier wurde die ursprüngliche Fläche im hinteren Bereich aufgelöst, die Randsteine aufgenommen und ein Teil der Fläche in Rasen umgewandelt. Vorne bleiben die Blumenbeete mit der Einfassung bestehen und wurden durch Gehölze und Gräser ergänzt. In der Mitte entstand ein rechteckiger Sitzplatz, der wie der Mittelweg mit Kies oder Splitt aufgefüllt wird. Die übrig gebliebenen Randsteine grenzen den Belag von den Beeten und der Rasenfläche ab.
Gerade im Übergang zum Rasen können sie das Mähen erleichtern, vorausgesetzt, sie wurden hier auch tief genug in den Boden verlegt.
Der Sitzplatz ist für die späten Nachmittags- und Abendstunden als gemütliches Plätzchen gedacht, das mit einem kleinen, beleuchteten Wasserbecken seinen eigenen Reiz entfaltet.
Als Blütengehölze sind vorgesehen:

- Felsenbirne *(Amelanchier lamarckii)*, weiße Blüten im April/Mai, rote Herbstfärbung
- Schönfrucht *(Callicarpa bodinieri)*, feintriebiger Strauch mit violetten, perlenartigen Beeren im September
- Kirschlorbeer *(Prunus laurocerasus* 'Barmstedt'), kleinerer, immergrüner Strauch mit weißen Blüten im Mai
- Berberitze *(Berberis thunbergii* 'Atropupurea'), purpurrote Blätter mit roter Herbstfärbung, gelbe Blüten im Mai
- Strauchrose 'Lydia', orangerote Blüten über den ganzen Sommer hinweg
- Bauernjasmin *(Philadelphus*-Hybride 'Girandole'), Zwergform mit ca. 1 m Höhe, weiße, duftende Blüten im Mai
- Bauernhortensien *(Hydrangea macrophylla)*, je nach Boden-pH rosa oder blau blühende Sträucher, Blüte im August/September.

Gartentypen im Vergleich

Kurz und bündig sind in diesem Kapitel die häufigsten Gartentypen bzw. -bereiche mit ihren Kennzeichen und dem Pflegeaufwand einander gegenübergestellt. Damit haben Gartenliebhaber die Möglichkeit, schnell einen Überblick zu bekommen, um schon bei der Planung den Arbeitsaufwand besser einschätzen zu können.

In den nachfolgenden Beschreibungen finden Sie eine Art Kurzcharakteristik von Gartentypen und -bereichen, die bei uns häufig zu finden sind. Unter »**Gartentyp**« werden typische Kennzeichen des jeweiligen Gartens oder Gartenbereichs geschildert. Außerdem finden Sie dort Angaben zum Standort und den Bodenverhältnissen sowie den Blühhöhepunkten. Unter »**Pflegeaufwand**« wird der Aufwand bei der Anlage und zum Erhalt eines solchen Gartens bzw. Gartenbereichs beschrieben und verglichen. Zum schnellen Vergleich wird schließlich jeder Garten einem »**Pflegetyp**« zugeordnet. Dabei bedeutet * = pflegeleicht, ** = etwas aufwändiger in der Unterhaltung, und *** = pflegeintensive Gartenanlagen, die eine intensive gärtnerische Betreuung benötigen.

Garten mit Nadelgehölzen und Moorbeetpflanzen (Rhododendren, Azaleen, usw.)

Gartentyp Nadelgehölze sind überwiegend immergrüne Bäume, Sträucher und Zwerggehölze, die als Blätter Nadeln oder Schuppen besitzen. Außer unterschiedlichen Grüntönen gibt es auch gelbe bis blaue oder graue Nadelfärbungen. Die Wuchsformen reichen von baumartig mit durchgehendem Stamm bis zu Säulen- und Kegelformen, von runden Wuchsformen in vielen Größen bis hin zu überhängendem und bodendeckendem Wuchs. Der Vorteil der Nadelgehölze liegt in der ganzjährigen Färbung, der Nachteil im fehlenden Blütenreichtum. Deshalb gesellt man zu ihnen gern Moorbeetpflanzen, vor allem aus der Gruppe der Rhododendren und Azaleen. Beide benötigen einen kalkarmen Boden und haben ihren Blühhöhepunkt im Frühling und Frühsommer.

Eine so leuchtende Farbenpracht hat ein Garten mit Rhododendren nur im Frühling und Frühsommer, später beherrschen Grüntöne die Pflanzung.

Pflegeaufwand Die Anlage eines immergrünen Gartens erfordert einen lockeren Boden und eine gute Zusammenstellung der Arten nach Farbe, Wuchsform und Standortansprüchen. Man wird etwas Geld für eine Neuanlage investieren müssen und braucht Geduld, bis die Arten zusammengewachsen sind. Die Pflege beschränkt sich auf eine optimale Wasserversorgung sowie bei Bedarf Winterschutz und Düngung im Frühling.

Pflegetyp: * pflegeleicht

Garten mit immergrünen und blühenden Gehölzen

Gartentyp Die Palette der Gehölze reicht vom Baum bis zum Zwergstrauch. Immergrüne Arten behalten ihre Blätter auch den Winter über, alle anderen verlieren diese im Herbst. Attraktiv sind bei Gehölzen neben der Wuchsform die Blüten und die zum Teil intensive Herbstfärbung, so dass man mit ihnen in einem Garten ganzjährig Höhepunkte schaffen kann.

Pflegeaufwand Für jeden Standort und Boden gibt es passende Gehölze, die im Durchschnitt auch recht schnell zu ihrer optimalen

Ausgeglichen wirkt ein Garten, wenn immergrüne und blühende Gehölze sich die Waage halten.

Größe heranwachsen. Alle 2–4 Jahre kann bei einigen Arten ein Auslichtungsschnitt erforderlich sein. Ob gedüngt und gegossen werden muss, liegt am Standort und den jeweiligen Ansprüchen der Arten.

Pflegetyp: * pflegeleicht

Bereiche mit Kletterpflanzen

Gartentyp Kletterpflanzen sind immergrüne oder laubabwerfende Sträucher, die allein oder mit einer Kletterhilfe an Wänden, Mauern und Rankgerüsten emporklettern können und diese begrünen.

Pflegeaufwand Die Pflege geht über das Anwachsen in der Regel nur dann hinaus, wenn die Pflanzen zu groß oder breit werden oder in eine bestimmte Form gelenkt werden sollen. Manche Arten, etwa Kletterrosen oder Glyzinien, benötigen alle paar Jahre einen Rückschnitt, um üppig zu blühen und zu fruchten.

Pflegetyp: * pflegeleicht

Rosengarten

Gartentyp Unter den Rosen gibt es viele verschiedene Wuchsformen: Beet- Edel- und Miniaturrosen, auf Hochstamm veredelte Rosen, Bodendeckerrosen zum Überwachsen von Flächen und Strauchrosen für die Einzelstellung. Wildrosen sind etwas für den Naturgarten und werden hier nicht berücksichtigt. Rosen blühen je nach Art und Sorte von Mai bis zum ersten Frost.

Pflegeaufwand Wer üppig blühende und gesunde Rosenpflanzen möchte, sollte die Pflege nicht vernachläsigen. Dazu gehört bei der Anlage einer Rosenfläche eine gründliche, zwei Spaten tiefe Bodenlockerung. Nach dem Pflanzen ist ein Herbst- und Frühlingsschnitt bei Edel-, Beet-, Hochstamm- und Miniaturrosen üblich. Alle anderen Arten brauchen nur alle 1–3 Jahre einen Auslichtungsschnitt. Da Rosen Starkzehrer sind, ist eine Düngung im Frühling angebracht. Je nach Witterung kann auch das Gießen wichtig werden. Der Aufwand für Pflanzenschutz ist je nach Art und Sorte unterschiedlich.

Pflegetyp: ** mäßiger Pflegeaufwand bei Strauch- und Bodendeckerrosen sonst: * pflegeintensiv**

Rechts: Mit Kletterpflanzen kann man auf engem Raum blühende Säulen, Bögen oder Wände zaubern.

Dekorative Prachtstaudenbeete

Gartentyp Stauden sind mehrjährige Pflanzen, die sich im Gegensatz zu Gehölzen mit ihren Überwinterungsorganen in der kalten Jahreszeit in den Boden zurückziehen. Unter Prachtstauden versteht man züchterisch bearbeitete Stauden, von denen eine Vielzahl von Sorten mit unterschiedlicher Blütenfarbe und -zeit erhältlich ist. Beispiele sind Astern, Margeriten, Phlox, Mohn, Rittersporn und Iris. Die gelungene Zusammenstellung eines üppigen Staudenbeetes setzt Wissen, Erfahrung und Geduld voraus.

Pflegeaufwand Für Prachtstauden ist ein gut gelockerter und möglichst unkrautfreier Boden wichtig. Nach dem Pflanzen dauert es etwa zwei bis vier Jahre, ehe sich die Arten entfaltet haben. Die Pflege umfasst ein regelmäßiges Lockern des Bodens um die Pflanzen sowie Gießen und Düngen. Manche Arten müssen zur Verbesserung der Standfestigkeit aufgebunden werden. Wichtig für fast alle Arten ist eine Teilung im Abstand von ca. zwei bis vier Jahren.

Pflegetyp: * pflegeintensiv**

Links: Rosen belohnen uns bei entsprechender Pflege mit üppiger Blütenfülle.

Staudenbeete am Gehölzrand, an Heckensäumen und auf freien Flächen

Gartentyp Die etwas robusteren Stauden, die man im Schatten, Halbschatten, als Saum einer Hecke oder auf dem Dachgarten pflanzt, gehören zum Teil zu den Wildstauden. Um die passenden Staudenarten auszuwählen und zusammenzustellen, ist eine entscheidende Voraussetzung, den Standort genau zu kennen. Nur so gedeihen sie über lange Jahre an Ort und Stelle zufriedenstellend.

Mitte: Am Gehölzrand können bodendeckende Pflanzen wie Salbei und Storchschnabel einen attraktiven Rasenersatz bieten.

Pflegeaufwand Im Gegensatz zu den Prachtstauden benötigen diese Arten nur einen vorbereiteten Boden und eine gewisse Pflege, bis sie eingewachsen sind. In dieser Zeit ist auch das Gießen und bei bestimmten Arten z. T. eine schwache Düngergabe erforderlich. Bis zum völligen Überwachsen der Fläche gehört außerdem das Entfernen von unerwünschten Wildkräutern zu den Pflegearbeiten. Danach überlässt man die Pflanzen sich selbst. Im Abstand von ein bis zwei Jahren kann man regulierend eingreifen und auslichten.

Pflegetyp: * pflegeleicht

Unten: Prachtstauden in Rot und Gelb geben hier den Ton an, die Zusammenstellung ist von Gärtnerhand sorgfältig geplant.

Erst in größeren Wasserflächen und mit der entsprechenden Pflanzung stellt sich ein ökologisches Gleichgewicht mit entsprechend geringem Pflegebedarf ein.

Wassergarten

Gartentyp Rund um einen Teich, ein Wasserbecken, einen Bachlauf oder eine sumpfige Stelle wachsen vor allem Pflanzen aus den Lebensbereichen Wasserrand und Wasser. Die Hauptblütezeit ist der Frühling und der Sommer.

Pflegeaufwand Für einen Wassergarten müssen vor dem Pflanzen erst einmal die baulichen Voraussetzungen geschaffen werden. Der Aufwand betrifft deshalb zunächst die technische und pflanzliche Ausstattung. In der fertigen Anlage müssen Uferpflanzen in der Regel nur alle ein bis drei Jahre kontrolliert werden. Zu große Pflanzen teilt man, klein gewachsenen gibt man vielleicht einen anderen Platz. Düngen von Wasserpflanzen kann bis auf Seerosen und wenige Ausnahmen unterbleiben. Dagegen wächst auch hier das Unkraut und muss gelegentlich entfernt werden. Auch Pflanzen, die im Wasser leben, sollten je nach Wuchsstärke alle drei bis fünf Jahre herausgenommen und geteilt werden. Der am Boden abgesetzte Schlamm kann im gleichen Arbeitsschritt abgesaugt werden. Alle drei bis sechs Jahre (je nach Größe des Teiches oder Beckens) ist eine Generalüberholung empfehlenswert, damit die Wasserfläche nicht ganz zuwächst und der Teich nicht verlandet.

Pflegetyp: ** mäßiger Pflegeaufwand

Heidegarten

Gartentyp Anlagen mit Heidecharakter werden von verschiedenen Heidekrautarten bestimmt, die eine Fläche großflächig bewachsen. Hierfür stehen vor allem die Winterheide *(Erica carnea)* und die Sommerheide *(Calluna vulgaris)* zur Verfügung. Typische Begleitpflanzen sind Birken, Wacholder, kleine Kiefern und Ginster, unter den Stauden Gräser, Heidenelke und Lavendel. Große Steine, Wurzeln und evtl. Baumstümpfe runden das Bild eines Heidegartens ab. Ein möglichst sonniger Standort mit kalkarmem, sandigem Boden ist die ideale Voraussetzung für eine gelungene Heidelandschaft.

Pflegeaufwand Falls die Voraussetzungen nicht naturbedingt vorhanden sind, sollte der Boden mit viel Sand abgemagert werden. Nach dem Pflanzen dauert es einige Jahre, bis die Fläche ohne Lücken zugewachsen ist. In dieser Zeit kann man unerwünschten Wildwuchs durch Mulchen mit Rindenschrot oder Holzhäcksel verdrängen. Düngen und Gießen gehören im Heidegarten nicht zu den wesentlichen Arbeiten. Dagegen ist ein Rückschnitt der Heide und des Ginsters nach der Blüte jedes Jahr erforderlich. Dadurch wachsen sie buschig, setzen viele Blüten an und verkahlen nicht.

Pflegetyp: * pflegeleicht

Ist ein Heidegarten erst richtig eingewachsen, kommt er mit wenig Pflege aus.

Steingartenpflanzen haben ihre Blütensaison vor allem im Frühling und Sommer.

Steingarten

Gartentyp Steingärten werden durch den Kontrast zwischen der Kargheit des Gesteins und üppiger Blütenfülle geprägt. In Fugen von Mauern oder auf Mauerkronen wachsen je nach Ausrichtung sonnenhungrige oder schattenverträgliche Polsterstauden oder Rosettenpflanzen, kombiniert mit Zwerggehölzen und Blumenzwiebeln. Auch im Schotter und zwischen Platten gibt es robuste Stauden, die dort überleben können. Je nach Einsatzbereich und Gesteinsart wählt man die passenden Stauden und Zwerggehölze aus.

Pflegeaufwand Steinanlagen werden in einem Zug gebaut und gepflanzt. Der Unterbau sollte zuvor entsprechend abgemagert sein. Der Kalkgehalt des Gesteins bestimmt teilweise die Pflanzenauswahl: Auf kalkarmem Basalt oder Gneis wachsen z. B. andere Arten als auf Kalksteinen. Beim Pflanzen kann man in die Ritzen etwas Kompost zu geben, nach dem Einwachsen entfällt jedoch das Düngen und Gießen meist ganz. Im Abstand von einigen Jahren wird man einige Steingartenstauden sicher teilen müssen, weil sie entweder verkahlen und weniger üppig blühen oder zu groß geworden sind. Das ganze Jahr über geht man seine Steinanlagen mit einem langen Unkrautstecher durch und entfernt ein- und mehrjährige Wildkräuter.

Pflegetyp: ** mäßiger Pflegeaufwand

Rasen, Kräuterrasen und Blumenwiese

Gartentyp Der Rasen ist die pflegeintensivste der drei genannten Varianten. Er besteht aus dicht wachsenden Grasarten. In einem Kräuterrasen können sich außer Gräsern auch Kräuter mit Rosettenwuchs (Löwenzahn, Gänseblümchen) und starkem Ausbreitungsdrang ansiedeln. Trotz des Rasenmähens treiben die Kräuter hier immer wieder durch. Bei einer Blumenwiese haben langlebige Kräuter und Blumen den Vorrang, Gräser treten optisch zurück. Wiesen können ganzjährig nicht so stark wie ein Rasen oder Kräuterrasen beansprucht werden.

Pflegeaufwand Typische Pflegearbeiten für einen Rasen sind: Mähen, Düngen, Wässern (bei Bedarf) und Vertikutieren. Beim Kräuterrasen nimmt man außer dem Mähen die Arbeit weniger genau. Wiesen werden ein- bis dreimal im Jahr gemäht und das Mähgut entfernt.

Pflegetyp Blumenwiese: * pflegeleicht
Rasen und Kräuterrasen:
**** bis *** pflegeintensiv**

Auch kleinere Rasenstücke erfordern eine ständige Betreuung und Pflege.

Am meisten Gaumenfreude, aber auch Arbeitsaufwand bringt immer noch der eigene Gemüsegarten mit sich.

Obst- und Nutzgarten

Gartentyp Je mehr Arbeit und Mühe man in Obst- und Nutzgärten steckt, desto besser fällt die Ernte aus. In Obstgärten pflanzt man Baum-, Strauch- und Beerenobst. Dabei kann man den Obstbau extensiv als Streuobstwiese betreiben oder intensiv, ähnlich einer Erwerbsobstanlage. Ähnlich ist es beim Nutzgarten. Manche Gartenbesitzer ziehen nur Kräuter und einige Tomaten, andere pflanzen eine reichhaltige Palette an Gemüsearten.

Pflegeaufwand Im Nutzgarten wird vor der Pflanzung der Boden intensiv gepflegt und verbessert, umgegraben und mit Kompost angereichert. Von Frühling bis zum Herbst fallen die verschiedensten Pflegearbeiten an: Säen, Pflanzen, Ernten, Gießen, Düngen, usw. Ohne die Verarbeitung des Gemüses kann man für 100 m^2 Fläche ca. 1 Arbeitstunde täglich kalkulieren. Im Obstgarten sieht es etwas anders aus; dort gibt es vor allem zwei Schwerpunkte: den Obstbaumschnitt im Spätwinter und die Ernte im Sommer und Herbst.

Pflegetyp: * pflegeintensiv**

Pflegepraxis Schneiden und Verjüngen

Das Schneiden von alten Pflanzen

Ältere Gehölze können durch entsprechendem Schnitt zu neuem Leben erweckt werden. Mit einem optimalen Schnitt ist ein sanftes Regulieren oder vorsichtiges Korrigieren gemeint, kein Radikalschlag. Außer beim Formschnitt sollte die äußere Form der typischen Wuchsform der Pflanze entsprechen, der menschliche Eingriff durch den Schnitt kaum zu erkennen sein. Es gibt immer wieder Bäume, die so ungünstig geschnitten wurden, dass sie noch Jahre danach keinen schönen Anblick bieten. Zum Teil leiden die Pflanzen auch unter schlechter Wundverheilung, ja sie können sogar daran eingehen, wenn etwa Pilze bis ins Mark vordringen.
Äußere Umstände können einen recht starken Eingriff erforderlich machen, etwa bei Windbruch, nach Baumaßnahmen und bei Krankheiten. Ein gut geschnittener bzw. gegen Krankheiten behandelter Baum und Strauch kann sich jedoch mit den eventuell notwendigen Nachbehandlungen wieder zu einem Prachtexemplar entwickeln.
Gerade das Schneiden großer Laub- und Nadelgehölze erfordert allerdings fundiertes Fachwissen, gute Beobachtung und viel Erfahrung. Man sollte es daher besser Fachkräften überlassen. Aufgrund der Vielfalt der Pflanzen und der jeweiligen Schnittmaßnahmen sind hier nur allgemeine Empfehlungen möglich. Dabei wurden verschiedene, selbst durchführbare Schnittarten zusammengestellt, die dem Laien einen einführenden Überblick geben sollen. Wer sich näher damit beschäftigen möchte, der sollte sich in entsprechenden Büchern informieren und einen Schnittkurs besuchen.

Tipps zum Schneiden

Hier zunächst einige wichtige Regeln und Tipps als Starthilfe für all diejenigen, die selbst Hand anlegen wollen.

- Ein guter Schnitt verändert die Pflanze in ihrem Äußeren kaum; radikale Maßnahmen sollen die Ausnahme bleiben.
- Scharfe Scheren, Messer und Sägen sind die wichtigsten Arbeitsmittel.
- Das Ziel bestimmt den Schnitt. Schon vor dem Schneiden muss klar sein, was damit bezweckt werden soll, z. B. ein Auslichten, Verjüngen o. ä.
- Wo soll man schneiden?
  Immer einige Millimeter über einem Auge (= einer Knospe).
  Immer auf ein nach außen zeigendes Auge.
- Immer »auf Astring« schneiden, das heißt Äste und dickere Zweige werden an der An-

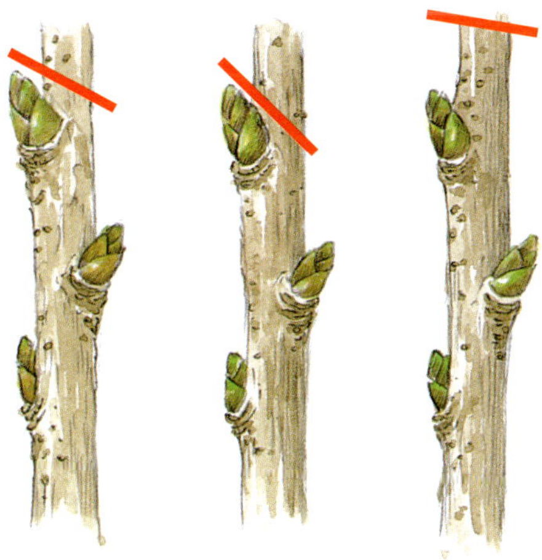

Eine Schnittregel besagt, dass man ca. 5 mm über einem nach außen zeigenden Auge schneiden soll (links). Liegt der Schnitt zu dicht an der Knospe, kann diese eintrocknen (Mitte), ist er zu weit von ihr entfernt, trocknet der über der Knospe liegende Teil ein (rechts).

> **Die Farbe von altem und jungem Holz**
> **Junge und alte Triebe an Sträuchern und Bäumen sind häufig nicht nur an der Struktur, sondern auch an der Farbe der Rinde zu erkennen. Ganz deutlich wird das zum Beispiel beim Hartriegel *(Cornus alba)*. Die jungen Triebenden leuchten regelrecht in strahlendem Rot, weshalb der Strauch im Winter besonders attraktiv wirkt. Mehrjährige und alte Äste lassen jedoch in ihrer Färbung nach und sind Dunkelrot, Braun oder sogar Schwarz.**

Starke Äste kann man sicherheitshalber immer etappenweise absägen, um das Ausreißen (Abschlitzen) bis in den Stamm hinein zu vermeiden.

satzstelle oder Anwachsstelle entfernt, dort, wo ein kleiner Wulst sichtbar ist. Der Schnitt darf weder zu tief in den angrenzenden Ast reichen noch soll ein Stumpen oder Stummel stehen bleiben.

Folgende Teile sind immer zu entfernen, um ein gutes Wachstum zu gewährleisten:

- Wildtriebe, die aus der Wurzel herauswachsen und ein anderes Aussehen oder z. B. anders geformte Blätter haben
- Kranke, abgestorbene und beschädigte Äste, Zweige usw.
- Astgabeln, das heißt zwei Hauptäste, die dicht nebeneinander gabelförmig wachsen; sie bedeuten Bruchgefahr. Deshalb nimmt man einen der beiden an der Ansatzstelle heraus oder kürzt ihn stark ein, sofern es sich um eine junge Pflanze handelt.

Absägen von starken Ästen

Bei älteren Bäumen kommt es vor, dass stärkere Äste entfernt werden müssen, die ein hohes Gewicht haben. Arbeitet man dabei nachlässig, kann es zu langen Risswunden kommen, die bis in den Stamm reichen. Solche Wunden verheilen nur langsam und beeinträchtigen den ganzen Baum zum Teil erheblich.
Einen starken, schweren Ast sägt man in einzelnen Abschnitten ab. In einem gewissen Abstand von der Anwachsstelle sägt man ihn erst an der Unterseite in etwa halber Aststärke ein. Der zweite Schnitt soll in kurzem Abstand nach dem ersten Schnitt auf der Astoberseite erfolgen, ebenfalls in halber Aststärke. Nun wird der Ast wahrscheinlich schon durch sein Gewicht an den beiden Schnittstellen abbrechen, und ein Stummel, scherzhaft oft »Kleiderhaken« genannt, bestehen bleibt.
Der nächste und endgültige Schnitt erfolgt dann sauber auf Astring, das heißt am Wulst der Anwachsstelle. Bei einer großen Schnittwunde sollte der Rand mit einem scharfen Messer nachgeschnitten und mit Wundverschlussmittel bestrichen werden.

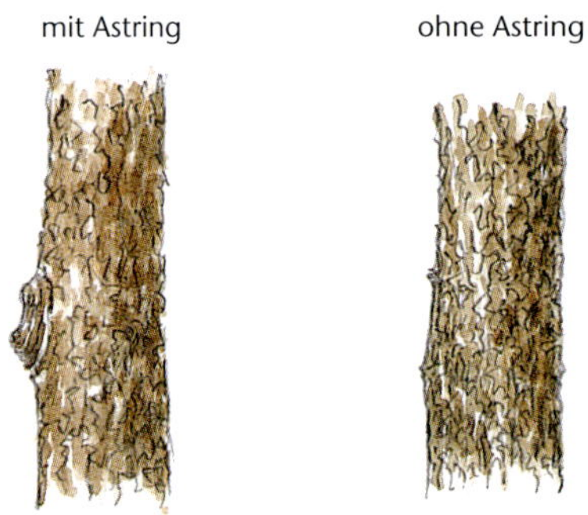

Sägt man Äste mit einem kurzen Abstand vom Stamm ab, bleibt ein sogenannter »Astring« stehen (links). Daraus kann die Pflanze reichlich Wundgewebe bilden und die Schnittfläche relativ rasch überwachsen. Bleibt kein Astring (rechts), dauert die Überwallung wesentlich länger.

Die Wundheilung

Sie vollzieht sich am besten in der Vegetationszeit, also ab März bis April. Je später es wird, um so langsamer geht sie vonstatten.
Ist eine Wunde größer als etwa ein 5-DM-Stück, ist es sinnvoll, den Rand mit einem scharfen Messer nachzuschneiden; dies fördert die Bildung des Kambiums (dort erfolgt die Zellbildung und damit die Wundheilung).
Ob das Auftragen eines Wundverschlussmittels sinnvoll ist, gilt heute immer mehr als umstritten. Wenn man sich die Mühe damit macht, muss das Mittel sorgfältig auch auf den Rändern verteilt werden und die Maßnahme unter Umständen nach etwa einem Jahr wiederholt werden, um die Wunde vor Infektionen zu schützen.

Schnittarten für Laubgehölze

Erziehungsschnitt

Er wird bei jungen Laubbäumen und zum Teil auch bei Sträuchern angewandt, um eine gewisse Form und den gwünschten Kronenaufbau zu erzielen. Ein Erziehungsschnitt kann auch nach einem sehr starken Schnitt bei einer älteren Pflanze erforderlich werden.

Erhaltungs- und Auslichtungsschnitt

Die Pflanze wird durch regelmäßiges sanftes Eingreifen mit der Schere so erhalten, dass ausreichend junge und alte Triebe vorhanden sind. Beim Auslichten werden alte Äste oder Zweige, die man an ihrer Stärke und der dunkleren Farbe erkennt, bodennah abgeschnitten. Die Pflanze kann durch den besseren Lichteinfall an der Basis und im oberen Bereich neue Triebe bilden. Damit verjüngt sie sich von selbst und trägt (wieder) reichlich Blüten oder Früchte.
Zum Erhalten und Auslichten zählen auch das Beseitigen von Wildtrieben, Wasserschossen, Astgabeln, eingewachsenen Ästen und Zweigen, Konkurrenztrieben sowie verletztem oder abgestorbenem Holz.

Regelmäßiger Rückschnitt

Er wird bei Hecken, Formgehölzen, vielen kleinwachsenden Sträuchern und Spätsommerblühern, aber auch bei Stauden angewandt. Dadurch erhält man ihre typische Form, und sie blühen oft reichhaltiger. Ein Heckenschnitt wird je nach Pflanzenart ein bis mehrmals im Jahr erforderlich sein. Genauer wird darauf auf Seite 86 ff. eingegangen.
Kleinwachsende Sträucher, Spätsommerblüher und viele Sträucher, die am einjährigen Holz blühen, werden nach der Blüte oder im Frühjahr zurückgenommen.

Beispiele hierfür sind

- Heide-Arten *(Calluna vulgaris, Erica carnea)*
- Sommerflieder *(Buddleja davidii)*
- Bartblume *(Caryopteris clandonensis* 'Heavenly Blue')
- Ginster-Arten *(Cytisus* und *Genista)*
- Gartenhortensien *(Hydrangea macrophylla)*
- Lavendel *(Lavandula)*
- Blauraute *(Perovskia abrotanoides)*
- viele Rosen (Edel- und Beetrosen, Hochstammrosen und Miniaturrosen). Manchen Bodendeckerrosen und besonders den einmalblühenden Kletter- und Strauchrosen bekommt ein jährlicher Rückschnitt ausgezeichnet.

Verjüngungsschnitt

Müssen große Pflanzen, etwa großkronige Bäume und ältere Sträucher, durch äußere Umstände oder aus optischen Gründen einen großen Teil ihrer Äste und Zeige einbüßen, spricht man von einer Verjüngung. Dies erfordert bei großen, alten Bäumen Fachwissen, entsprechendes Werkzeug, Maschinen und Hilfsmittel, z. B. Hebebühnen o. ä. sowie eine

Beim regelmäßigen Auslichtungsschnitt werden altes Holz und zu dicht stehenden Äste und Zweige entfernt. Dadurch kommt mehr Licht und Luft an die Pflanze, der Austrieb neuer Triebe und der Ansatz von Blütenknospen wird angeregt.

erhebliche Portion Erfahrung. Meist ist es mit einem Schnitt auch nicht getan, denn die Krone braucht wieder mehrere Jahre, um sich neu aufzubauen.
Viele Sträucher lassen sich bereitwilliger bis auf wenige kurze Triebe zurückschneiden. Das wird erforderlich, wenn sie jahrelang ungeschnitten blieben und in den unteren Partien schon sehr verkahlt sind.

Unproblematisch im Schnitt sind:

- Forsythien *(Forsythia)*
- Haselnüsse *(Corylus avellana)*
- sommergrüne Berberitzen *(Berberis* x *ottawensis* und *B. thunbergii)*
- Feuerdorn *(Pyracantha)*
- Zierquitten *(Choenomeles japonica* und *Ch.* x *superba)*
- Deutzien *(Deutzia*-Hybriden und *D.* x *magnifica)*
- Johanniskraut *(Hypericum* 'Hidcote')
- Ranunkelstrauch *(Kerria japonica)*
- Liguster *(Ligustrum vulgare* und *L. ovalifolium)*
- Falscher Jasmin *(Philadelphus coronarius* und *Ph.*-Hybriden*)*
- Zierjohannisbeeren *(Ribes sanguineum)*
- Holunder *(Sambucus nigra, S. racemosa)*
- strauchförmige Rosen (Strauch- und Bodendeckerrosen) und Kletterrosen
- Weiden *(Salix repens, S. rosmarinifolia, S. purpurea* 'Nana')
- Weigelien *(Weigela florida* und *W.*-Hybriden*)*.

All diese Straucharten haben Knospen, die auch aus altem Holz willig Jungtriebe bilden und damit eine neue Pflanze aufbauen können. Diese sollten in einem Folgeschnitt wieder ausgelichtet werden.

Auf Schnitt verzichten Daneben gibt es eine andere Gruppe von Sträuchern, die nur unwillig nach einer Verjüngung austreiben. Sie wachsen meist langsam und haben Mühe, den Verlust von Ästen und Zweigen zu ersetzen. Hier ist ein Rückschnitt riskant und eher ein Auslichten zu empfehlen.

Problematisch ist der Schnitt bei:

- Strauchförmig wachsenden Ahorn-Arten *(Acer japonicum, A. palmatum)*
- Strauch-Kastanie *(Aesculus parviflora)*
- Aralien *(Aralia mandshurica)*
- Strauchbirken *(Betula humilis, B. nana)*
- bestimmte Hartriegel-Arten *(Cornus controversa, C. florida, C. kousa, C. nutallii)*
- Perückenstrauch *(Cotinus coggygria)*
- Prachtglocke *(Enkianthus campanulatus)*
- Federbusch *(Fothergilla gardenii* und *F. major)*
- Zaubernuss *(Hamamelis* x *intermedia, H. japonica, H. mollis, H. virginiana)*
- größere Strauchhortenisen *(Hydrangea arborescens, H. aspera, H. paniculata, H. aspera* ssp. *sargentiana)*
- Goldregen *(Laburnum alpinum, L.* x *watereri)*
- Magnolien *(Magnolia liliiflora, M. sieboldii, M.* x *soulangiana, M. stellata)*
- Scheinbuche *(Nothofagus antarctica)*
- Strauchpaeonie *(Paeonia*-Suffruticosa-Hybriden)
- Parrotia *(Parrotia persica)*
- Kreuzdorn *(Rhamnus catharticus)*
- Scheinakazie *(Robinia* 'Casque Rouge' und *R. hispida)*.

Schnittarten für Immergrüne und Nadelgehölze

Immergrüne und wintergrüne Laubgehölze

Normalerweise brauchen die Pflanzen dieser Gruppe keinen Schnitt. Sie wachsen gleich und nur in Ausnahmefällen wird das Schneiden notwendig werden. Sie sind zwar zum Teil schnittverträglich, doch treiben sie zögerlich aus und brauchen eine gewisse Zeit, um ihre typische Form zu erlangen.

Zu den **immergrünen schnittverträglichen Gehölzen** gehören:

- immergrüne Berberitzen *(Berberis buxifolia, B. candidula, B. hookeri, B. julianae, B. verruculosa)*
- Buchsbaum *(Buxus sempervirens)*
- immergrüne Zwerg-Strauchmispeln *(Cotoneaster dammeri* in Sorten und *C. microphyllus)*
- Spindelstrauch *(Euonymus fortunei,* immergrüne Sorten)
- Stechpalmen *(Ilex aquifolium, I. crenata, I.* x *meserveae)*
- Heckenmyrte *(Lonicera nitida)*
- Mahonie *(Mahonia aquifolium* und *M. bealei)*
- Lorbeerkirsche *(Prunus laurocerasus* in Sorten)
- Immergrüner Schneeball *(Viburnum carlesii, V. lantana, V. rhytidophyllum).*

Einen **starken Rückschnitt nur schlecht vertragen** hingegen z. B.

- Kalmie *(Kalmia angustifolia* und *K. latifolia)*
- Rhododendren und Azaleen *(Rhododendron)*
- Schattenglöckchen *(Pieris floribunda* und *Pieris japonica).*

Strauchartige Nadelgehölze

Dies sind Nadelgehölze, die gedrungen und strauchig wachsen. Typische Vertreter sind die Zwergformen von

- Tanne *(Abies)*
- Scheinzypresse *(Chamaecyparis)*
- Wacholder *(Juniperus)*
- Eibe *(Taxus)*
- Lebensbaum *(Thuja)* und
- Hemlockstanne *(Tsuga).*

Alle Arten vertragen einen leichten Rückschnitt der jeweils jungen Zweige sehr gut. Auch einzelne größere Äste können am Ansatz herausgenommen werden, doch ist darauf zu achten, dass dabei kein Loch entsteht. Diese kahlen Stellen wachsen nur langsam zu, da vom alten Holz kaum Neutriebe zu erwarten sind. Geht man soweit, eine ganze Pflanzenhälfte abzutrennen, bleibt die Pflanze auf Dauer geschädigt und kann solche Wunden im alten Holz nicht durch Neuzuwachs »reparieren«. Sie bleibt an solchen Stellen kahl. Gelegentlich sieht man Beispiele, wo etwa ein Teppichwacholder so breit wurde, dass sich die Gartenbesitzer zu einem solchen Radikalschnitt entscheiden. Die Folge ist eine wirklich unschöne offene Stelle, die mit der Zeit nur durch das Überwachsen von anderen Pflanzen verdeckt werden kann. Liegt die Wunde an einer gut sichtbaren Stelle, z. B. an einer Einfahrt oder einem Eingang, bleibt den Gartenliebhabern oft nur noch die Wahl, entweder damit zu leben oder die Pflanze durch eine andere zu ersetzen.

Nadelgehölze in Säulen- und Heckenform

Viele Nadelgehölze werden für eine immergrüne Hecke dicht-an-dicht gesetzt. Man schneidet dann jeweils nur die Spitzen, wenn sie die gewünschte Höhe erreicht haben. Für diesen Zweck können säulenförmig wachsende Scheinzypressen *(Chamaecyparis),* Wacholder *(Juniperus),* Eiben *(Taxus)* und Lebensbäume *(Thuja)* verwendet werden. Zum Problem werden sie, wenn die gewünschte Heckenhöhe schon lange überschritten wurde und die Pflanzen plötzlich ein großes Stück zurückgeschnitten werden müssen. Je früher dies geschieht, desto besser, denn altes Holz treibt unwillig und nur langsam wieder aus. Oft gelingt die Reduzierung in der Höhe noch recht gut. Anders ist es dagegen, wenn Heckenpflanzen auch in der Breite eingekürzt werden müssen. Betrifft der Schnitt nicht nur die jungen Spitzen, sondern auch die holzigen Äste im Inneren, treiben diese oft überhaupt nicht mehr aus. Am schnittfreundlichsten sind in dieser Hinsicht noch Eiben und Thujen.

Insgesamt muss bei strauchartigen Nadelgehölzen eine Korrektur unbedingt frühzeitig und mit Bedacht erfolgen.

Rechts: Manche Stauden wie diese Hosta werden mit der Zeit zu groß. Dann kann man sie einfach mit dem Spaten oder mit der Hand teilen und an der gleichen oder an einer anderer Stelle wieder einpflanzen.

Baumartige Nadelgehölze

Die meisten hoch wachsenden Nadelbäume haben einen durchgehenden Stamm mit einer Spitze. Am Stamm verzweigen sich die Seitenäste, die nach unten hin immer breiter werden. So wachsen viele Tannen *(Abies)*, Lärchen *(Larix)*, Fichten *(Picea)*, Kiefern *(Pinus)* und Douglasien *(Pseudotsuga)*. Solche Baumformen leiden darunter, wenn man ihnen einfach die Spitze nimmt. Wird sie mehr als nur um den ein- oder zweijährigen Trieb gekürzt, also tief heruntergeschnitten, bilden sich mehrere Ersatz-Mitteltriebe. Oft hängen diese dann bogig nach außen, was einem älteren Baum ein ganz ungewöhnliches Aussehen vermittelt. Ganz selten ist einer dabei, der wirklich gerade nach oben wächst und einen guten Ersatz bieten würde. Eher wächst der Baum etwas ziellos mit seinen Ersatztrieben weiter, und seine alte Schönheit ist nicht wiederzugewinnen.
Man könnte zwar den besten Ersatztrieb erhalten und an einem Stab aufrichten, damit er wieder die Führung übernimmt, und zugleich die Konkurrenztriebe an der Ansatzstelle kappen. Doch ist bei diesem Verfahren die Frage, wie man ohne eine Hebebühne an die Spitze kommt, um den Schnitt ausführen zu können, und welchen Zweck der Schnitt überhaupt haben soll. Das Höhenwachstum wird dadurch vielleicht etwas eingeschränkt, doch der Baum hat seine ganze Eleganz verloren.
Etwas schnittverträglicher sind Zedern *(Cedrus)*, baumartig wachsende Eiben *(Taxus)* und Hemlockstannen *(Tsuga)*. Hier kann man durch regelmäßiges Schneiden der Spitzen und Seitentriebe den Wuchs etwas bremsen und sie sogar zu einer gewissen Form erziehen. Doch auch hier darf der Schnitt nicht zu stark sein, also nicht zu weit ins alte Holz reichen.
Eine für alle Nadelbäume gut verträgliche Schnittart ist das sogenannte **Aufästen**. Hierbei werden die untersten Äste und Zweige rund um den Stamm in einer einheitlichen Höhe am Ansatz abgesägt. Es sollen keine Stümpfe bleiben. Damit hat man rund um den Stamm Licht geschaffen und schadet dem Baum nicht.

Beim sogenannten Aufästen sägt man die unteren Äste eines Nadelbaums auf Astring ab. Damit kann die Fläche unter einem Baum nach und nach wieder mit robusten Pflanzen, z. B. Efeu, Immergrün, Ysander oder anderen Bodendeckern, bepflanzt werden.

Die Wundheilung erledigen alle Nadelgehölze selbstständig durch Harze.

Stauden verjüngen

Unter den Stauden sind es vor allem die Beetstauden und viele Gräser, die im Herbst oder besser noch im Frühling zurückgeschnitten werden, um die abgestorbenen Teile zu entfernen.
Durch einen Rückschnitt direkt nach der Blüte wird bei einigen Beetstauden die Bildung einer Nachblüte angeregt.

Dazu gehören:

- Rittersporn *(Delphinium)*
- Hoher Staudenphlox *(Phlox paniculata)*
- Feinstrahl *(Erigeron)*
- Lupinen *(Lupinus)*
- Katzenminze *(Nepeta* x *faassenii)* und
- Sommersalbei *(Salvia nemorosa)*.

Auch bei Stauden verbessert ein Verjüngungsschnitt die Wuchskraft und führt zu einem üppigeren Blütenansatz. Verholzende Pflanzen wie Sonnenröschen, Schleifenblume und Lavendel werden dafür zum Teil bis ins ältere Holz zurückgeschnitten.

Adressen und Bezugsquellen

Ansprechpartner für Gartenbau in Deutschland:
Zentralverband Gartenbau (ZVG) e.V.
Godesberger Allee 142–148, 53175 Bonn,
Tel.: 0228/81002-0

Ansprechpartner für Gartenbau in Österreich:
Bundesverband der Erwerbsgärtner in Österreich
Draschestr. 13–17, A-1232 Wien 23,
Tel.: (0043) 222/671574

Ansprechpartner für Gartenbau in der Schweiz:
Schweizerischer Gärtnerverband
Zälgliweg 10 B, CH-3422 Kirchberg,
Tel.: (0041) 34/451013

Verbände, Vereine
Bund deutscher Landschaftsarchitekten (BDLA)
Geschäftstelle Berlin, Köpenicker Str. 48–49, 10179 Berlin, Tel.: 030/2787150

Bundesverband Garten-, Landschafts- und Sportplatzbau
Alexander-von-Humboldtstr. 4,
53604 Bad Honnef, Tel.: 02224/7707-0

Deutscher Naturwerkstein-Verband e.V.
Sanderstr. 4, 97070 Würzburg,
Tel.: 0931/12061

Industrieverband Steine und Erden Baden-Württemberg e.V.
Gammertinger Str. 4, 70567 Stuttgart,
Tel.: 0711/71603-0

ISA Internationale Gesellschaft für Baumpflege
Hofgut Waldeck, 55218 Ingelheim,
Tel.: 06725/5525

Bund deutscher Baumschulen
Bismarckstr. 49, 25421 Pinneberg,
Tel.: 04101/20590

Bund deutscher Staudengärtner
Gießener Str. 47, 35305 Grünberg,
Tel.: 06401/910155

Naturgarten e.V., Verein für naturnahe Garten- und Landschaftsgestaltung
Görresstr. 33, 80798 München,
Tel.: 089/5234770

Verein deutscher Rosenfreunde e.V.
Waldseestr. 14, 76530 Baden-Baden,
Tel.: 07221/31302

Bodenuntersuchungen
Landwirtschaftliche Untersuchungs- und Forschungsanstalten oder Institute der jeweiligen Bundesländer. Die Adressen sind meist in den Landwirtschafts- bzw. Gartenbauämtern erhältlich.

Bodenuntersuchungsinstitut Koldingen,
Holländerei 22, 30982 Pattensen,
Tel.: 05102/7006-0

Bodenuntersuchungen Stelzner GmbH,
Grolandstr. 51, 90408 Nürnberg,
Tel.: 0911/359595

Nützliche Adressen
Spezialgärtnerei u. a. für seltene Rosen:
Rosen von Schultheis, 61231 Bad Nauheim-Steinfurth, Tel.: 06032/81013

Gartenaccessoires: Country Garden,
Auf den Beeten 12, 72119 Ammerbuch,
Tel.: 07073/2372

Blumenwiesen, Wildstauden und Gehölze:
Strickler, Lochgasse 1, 55232 Alzey-Heimersheim, Tel.: 06731/3831

Blumenwiesen und Duftpflanzen:
B. Dittrich, Postfach 1147, 78245 Hilzingen,
Tel.: 07739/1452

Blumenwiesen und Pflanzensortimente für den Naturgarten: Hof Berg-Garten, Lindenweg 17,
79737 Herrischried-Großherrischwand,
Tel.: 07764/239

Blumenwiesen und Naturgartenpflanzen:
Rieger-Hofmann GmbH, Dorfstr. 110,
74572 Blaufelden, Tel.: 07952/5682

Nützliche Literatur

Erhardt, A. und W.: PPP-Index. Pflanzeneinkaufsführer. Ulmer Verlag, Stuttgart.

Reihe BdB-Handbücher zu verschiedenen Pflanzengruppen, herausgegeben vom BdB – Bund deutscher Baumschulen. Zu beziehen bei Verlagsgesellschaft »Grün ist Leben«, Bismarckstr. 49, 25421 Pinneberg,
Tel.: 04101/20590

Stichwortverzeichnis

Mit * versehene Seitenzahlen verweisen auf Abbildungen.

Die Deutsche Bibliothek – CIP-Einheitsaufnahme

Korz, Jutta
Gärten umgestalten : Praktische Vorschläge für alle Gartenbereiche / Jutta Korz - 2., durchgesehene Auflage – München ; Wien ; Zürich : BLV, 2000
ISBN 3-405-15678-5

Bildnachweis:
Borstell: 1, 2/3, 4r, 6, 7, 8/9, 27, 32, 33, 34, 35o, 36/37, 38u, 39o, 40, 44, 46, 57, 64, 66, 76, 77, 89, 90, 91o, 91u, 93, 98, 103o, 110o, 111, 116, 123, 125r, 135, 147, 148, 152o, 153ol, 153ul, 153r, 154, 156o, 156u
Fischer: 13, 30o, 42o, 42u, 54, 96, 107, 119, 152u
Franke: 47
Morell: 68, 155u
Pforr: 11, 28/29, 83, 150, 151
Redeleit: 51, 59u, 59o, 61o, 62u, 63, 67o, 73, 103u, 106, 112, 114o, 114u, 115lo, 140, 143
Reinhard: 5l, 20, 31, 69, 81, 99, 109, 110u, 127, 155o
Sammer: 84, 162
Seidl: 5r, 25l, 35u, 136u
Stein: 38o, 39u, 45, 74, 82, 132
Sulzberger: 67u

Alle anderen Fotos von Jutta Korz.

Die auf Seite 147 und 156u gezeigten Gärten wurden von GartenLandschaftsbau Birger Bredenbrücher, Essen, gestaltet.

Zeichnungen: Heidi Janiček

BLV Verlagsgesellschaft mbH
München Wien Zürich
80797 München

Zweite, durchgesehene Auflage

Umschlaggestaltung: Studio Schübel, München
Umschlagfotos Vorderseite: Ursel Borstell (großes Bild, unten links, unten Mitte); Hans Reinhard (unten rechts)
Rückseite: Ursel Borstell. Grafik auf Rückseite: Heidi Janiček

Gestaltung und Satz: VerlagsService Dr. Helmut Neuberger & Karl Schaumann GmbH, Heimstetten
Lektorat: Dr. Thomas Hagen
Herstellung: Hermann Maxant

Reproduktion: Fotolito Longo, Bozen
Druck und Bindung: Neue Stalling, Oldenburg
Gedruckt auf chlorfrei gebleichtem Papier

Printed in Germany · ISBN 3-405-15678-5